✤ 教育文化ブックレット ✤ 5

21世紀型の Well-Being

―今こそ太陽光発電を各家庭に―

三池 秀敏

大学教育出版

21 世紀型の Well-Being
―― 今こそ太陽光発電を各家庭に ――

目　次

お仕事中。

20 世紀末のある日

はじめに

ロウソクの科学から

「ロウソクの科学」[1] は、電磁誘導の法則の発見者として知られる、マイケル・ファラデーによる 1860 年のクリスマス講演の記録を、ウイリアム・クルックスが編集した名著です。2019 年のノーベル化学賞を受賞された吉野彰氏が、小学 4 年生の時に出会い「化学への興味を持つ原点」となった運命の一冊としても知られています。その序文でクルックスは「人間の暗夜にその家を照らす方法は、ただちにその人間の文明の尺度を刻

M.Faraday

む。…（中略）。すべての灯火は人類の愉楽、家庭愛、勤労、そしてまた信仰にいかに奉仕したかを語って、我々の心をあたためてくれるであろう」と述べています。原始時代のたき火に始まり、中世の松明・ロウソク、近世のガス灯、ランプ、そして 19 世紀・20 世紀が生んだ白熱電球、蛍光灯を経て、21 世紀の現代は LED（Light Emitting Diode）照明が、各々の時代の文明の尺度となって来たようです。この視野を家庭のエネルギー・情報機器の変遷に広げれば、まさにその時代を支えてきたエネルギー利用技術の革新の歴史であったとも言えます（表 1 参照）。

　20 世紀後半に青春時代を過ごした多くの人々にとって、21 世紀は夢と希望の世紀でした。少なくとも団塊の世代の我々にとっては、1960 年代から 70 年代にかけての学生時代、就職後の 80 年代、90 年代を仕事に追われながらも生活の質の向上に努めてきたはずです。そして、20 世紀末のエネルギー機器には、ガスレンジ、石油ストーブ、蛍光灯、灯油ボイラー給湯器、太陽熱温水器、温風ヒーターなどが身の回りに溢れていました。しかしこれらは、地球環境を考えた場合、それぞれに課題を抱え、今やいずれも 20 世紀の遺物となろうとしています。再生可能エネルギーやクリーンエネルギーの利用という視座

表 1　家庭のエネルギー・情報機器の変遷のおおまかな歴史

年代	照明・調理器具	暖冷房・電化器具	娯楽・情報機器
原始時代	たき火	たき火	壁画、のろし
中世	松明、ロウソク、かまど	いろり、火鉢、炬燵	書籍、印刷・出版
近世	ガス灯、ランプ七輪	石炭・薪ストーブ、練炭炬燵・コンロ	新聞、ラジオ
1950 ～ 65 年	白熱灯、炊飯器	洗濯機、冷蔵庫、石油ストーブ	白黒テレビ、雑誌
1965 ～ 75 年	蛍光灯、ガスレンジ	クーラー、電気ストーブ、ガスストーブ	カラー TV、ステレオ、自家用車
1975 ～ 90 年	電子レンジ、電子ジャー炊飯器	エアコン、石油ファンヒータ、灯油ボイラー給湯	パソコン、ポータブルオーディオ
1990 ～ 2000	LED 照明	エアコン、太陽熱温水器、太陽光発電発売開始	インターネット、衛星 TV 放送
2000 ～	オール電化（電子調理器）	エコキュート、ペレットストーブ、蓄電池	携帯端末、スマホ

からは、すでに絶滅危惧種に属しているとも考えられます。

省エネ・創エネの取り組み

　ご存じのように、LED照明技術は20世紀末に開発され、特に青色LEDの開発に貢献した3人の日本人研究者に、2014年のノーベル物理学賞が与えられました[2,3]。我が家でも21世紀に入り、省エネへの意識から照明のLED化を進めてきました。また、2009年6月には太陽光発電を導入しました。省エネから創エネへの転換です。今年、導入後に満14年を迎え15年目に入っています。この14年強の期間に発電した総電力量は77,000kWhを超えています。塵も積もれば山となるでしょうか。太陽光発電は、パネル製造時のCO_2排出量が少なく（1kWhあたり25 ～ 50 g-CO_2）、従来の発電方式に比べて10分の1以下であることが知られており（電力会社の平均的なCO_2排出量は1kWhあたり550g-CO_2）、温室効果ガスの削減に効果的なクリーンエネルギーが提供できます[4]。電力会社の提供する電源を太陽光発電に置き換えることにより、1kWhあたり約500gのCO_2が削減できます。したがって、太陽光発電

での 77,000kWh の電力量の利用は、38.5 トンの CO_2 の削減に相当します。我が家の場合、当初は発電した電力の買取価格は 48 円/kWh に設定されており、電力会社への売電により約 8 年で投資額が回収できました。その後は、10 年を過ぎて中国電力からの買取価格は 7.15 円/kWh に低下しました。しかし発電電力の自家消費増への工夫により、電気料金高騰のこの時期に、家庭の電気代は夏場 3,000 円/月以下に抑えることができています。すなわち、この 15 年で太陽光発電の利用は、「**売電**」から「**自家消費**」（電気代の削減）に転換しています。

　ちなみに、1 年前の 4 月から 9 月までの我が家の平均電気料金は 3,572 円/月でした。今年の平均金額 2,677 円/月との差はあまり大きくないようにも見えますが、この 4 月から電気料金は大幅に改定され、昼間で 1.5 倍、夜間で 2.3 倍の値上げとなっています（中国電力）。何の対策もしなければ、単純計算で電気料金は 1.9 倍の 6,787 円/月となっていたはずです。各種の創エネ・節電対策により、我が家では、毎月約 4,000 円の節約が実現できています。1 年間でどうなるかは、この冬場の実証実験にかかっていますが、年間 5 万円程度の節約は期待できそうです。もちろん、太陽光発電を導入していなければ、4 月以降の電気料金は 13,800 円/月以上になっていたはずです（p.19 表 5 参照）。すなわち、太陽光発電導入後 14 年を経過しても、その経済効果は年間 12 万円を超えています。この要因の第一は、4 月からの電気料金の大幅な値上げ対策として実施した「**エコ給湯の昼間焚き上げへの移行**」です（1 章 1.3 節参照）。太陽光発電とエコ給湯の導入・活用が功を奏しています。この組み合わせとオール電化により、夏場の家庭エネルギー源は電気のみです。自家用車は別ですが。

多様な太陽光発電

　とはいっても、太陽光発電を導入できる家庭は限られています。持ち家が有り、資金的に余裕のある家庭に限られるという見解もあります。また、資金的な余裕があっても、マンションやアパートなどの集合住宅では困難ですし、持ち家でも屋根の形状や建築後数十年以上が経ち、屋根の強度が十分でない場

合もあるでしょう。しかし、その場合でも、マンションやアパートのベランダ、あるいは自宅の庭など日当たりの良い場所を選べば、太陽光発電は可能です。**小型のアウトドア用の太陽光パネルと蓄電池**の組み合わせで、小規模システムの導入が実現できます。これだと資金的に十分な余裕がなくとも、その気になれば導入できる家庭は多いと考えます。後の章（第 2 章 2.3 節）でも紹介していますが、主婦の方が実際に日々の生活に、こうした小規模システムを利用されている例が、最近 NHK でも取り上げられました[5]。我々の視野を広げ、意識を変えるべき時代が来ていると思います。

　ところで、太陽光発電の導入に当たって、多くの方が疑問を持たれるのは、
1）太陽光発電は本当に環境に優しいのか？環境破壊に繋がらないのか？
2）太陽光発電はホントにお得？設置費用（投資額）は取り戻せるのか？
3）太陽光パネルの寿命は何年くらいなのか？火災や災害時のリスクは？
などではないでしょうか。この点に関して、東京大学大学院の前真之氏の適切な解説を見つけました[6]。前氏によれば、太陽光発電は大きく 2 つに区別でき、「**野立ての太陽光**」と「**屋根のせの太陽光**」に分けられています。

　メガソーラーなど開かれた土地に設置する「野立ての太陽光」の目的は売電収入であり、ご存じのように山林の大規模伐採など環境破壊問題が指摘されています。2012 年に太陽光発電の**固定価格買取制度**（FIT：Feed-in Tariff）が始まり[7,8]、当初は高価格（42 円/kWh）で発電された電気が買い取られていました[9]。当時、収益性を最優先した一部の人々が「野立ての太陽光」を無理に広げてしまい、太陽光発電のイメージを悪くしてしまいました。また、太陽光発電を導入していない一般家庭の電気代が高くなることも含め、「屋根のせの太陽光」を導入した家庭も、周囲から誤解されることがありました。最近は、「野立ての太陽光」も制度が改善され、トラブルも起きにくくなっているようです[10]。太陽光発電などの再生可能エネルギー自体は、当然環境にも良く、脱炭素社会の実現のためにも、しっかり普及させる必要があります。地球温暖化対策のためにも、新たな土地が必要なく、他にも多くの利点がある「屋根のせの太陽光」の普及が求められています。著者は、この二つの太陽光発電以外に「**ベランダでの太陽光**」発電があると考えています（第 2 章 2.2 節参照）。アウ

図1 「ベランダでの太陽光」発電システム

トドア用で小型のシステムであっても多くの方が参加されれば、日本全体では巨大な発電所の出現となります。まさに、クラウドファンディング型の発電です。この小型システムは、防災用発電システムとしても機能します。地震や台風などの災害に伴う停電対策用としても、家庭に一台は備えておいてよいと思います。東京など大都会のアパートやマンションで「ベランダでの太陽光」の普及が望まれます（図1）。

エコ給湯の昼間焚き上げ

　一方、FIT導入の当初42円/kWhで電力会社が買い取っていた固定買取価格は、2023年の現在、16円/kWhに低下しています（表2参照）。現在の昼間の電気代は、45〜50円/kWhと高騰しており（2023年4月以降、中国電力）、発電した電気を売るより自家消費する方が遥かにお得なのです。仮に一般家庭用の3〜4kW程度の太陽光パネルを設置した場合、初期費用約100万円が約8年でペイする可能性があります。特に後述する「おひさまエコキュート」を併用すれば、従来は夜間焚き上げのエコ給湯は太陽光を利用した昼間焚き上げに移行し、夜間に比べて効率の高いエコ給湯へと変身します。エコ給湯は、最近のエアコンと同じ、ヒートポンプ方式を採用した給湯器です。**「おひさまエコキュート」**でなくても、すでに太陽光発電と従来のエコ給湯を導入されている家庭は、夜間焚き上げの時間帯を10〜12時間前に移動し、昼間焚き上げ

表2　電力会社による買取価格（住宅用FIT制度）の変遷[9]

年度	2009年以前	2009, 2010年	FIT開始2012年度	FIT 2024年度
発電量の買取価格	約24円/kWh（系統電力と同程度）	48円/kWh 10年間	42円/kWh、10年間以後毎年買取価格は減少し続ける	16円/kWh：10kW未満 **12円/kWh：10kW以上** （屋根設置）

注：2024年度から新たに屋根設置に関する固定買取価格（10kW以上）が設定される。
　　固定買取制度は、設置から10年間は固定価格（10kW未満）。10年以降は低下する。
　　中国電力の場合、固定買取期間終了後は7.15円/kWhに設定（10kW未満設備）。

に変更するだけで、電気代の節約に繋がります（1章1.3節、4章4.6節参照）。家庭で最大のエネルギー源を必要とする給湯に太陽光発電を利用することで、地球環境にも優しいクリーンな給湯が実現できるわけです。

21世紀の生活スタイルへの転換

　太陽光パネルの寿命は、約20年〜30年と考えられています。太陽光発電システムの各部分の寿命や火災・災害リスク[11]、廃棄処分等については第4章4.2節で解説しています。以下、我が家の過去14年間の創エネ・節電への主な取り組みをリストアップしてみました。20世紀の生活スタイルを、21世紀型に転換してきた歴史とも考えています。多くの試行錯誤と挑戦を重ね、ようやく地球環境に優しい「**健康で文化的な生活（Well-Being）**」に近づいて来たと思っています。

　すなわち、我が家の主な省エネ、エネルギー・クリーン化大作戦の歴史は、

1）LED照明への切り替え（2001年〜）
2）太陽光発電システム・エコ給湯の導入（2009年）
3）オール電化の導入（2016年）
4）ペレットストーブ（2019年〜）
5）小型高性能蓄電池の導入（2020年〜）
6）エコ給湯の昼間焚き上げ開始（2023年）

などですが、詳細は以下の第4章で紹介しています。

　なお、このレポートは、直接には2023年4月からの電気料金の高騰に触発されて書き始めましたので、時系列的な変化が織り込まれており、その時点でのWeb情報（アクセスしたのは主に2023年10月時点）や判断に基づいた記述の形となっています。また、筆者が所属しています日本時間学会・山口芸大支部研究会活動の一環としても位置付け、幅広い視点から、気候変動対策としてのクリーンエネルギー創生をテーマとして書き進めてきました。2030年前後と予測される南海トラフ巨大地震・津波[12]や気候変動に伴う災害対策のためにも、電気料金の大幅な値上げが実施された"**今こそ太陽光発電を各家庭に**"と考えています。各家庭で可能な形態での太陽光発電を始めとする再生可

能エネルギーの導入を起点とし、**21世紀型のWell-Being**の在り方を考える一助として、読者の皆様の参考となるレポートとなればと祈念しています。

参考資料
1) ファラデー、矢島祐利訳『蝋燭の科学』岩波文庫（1933）
2) 物理学賞は青色LEDを開発した3人に｜Nature ダイジェスト｜Nature Portfolio（natureasia.com）
3) 天野浩、福田大展『青色LEDの世界』BLUE BACS（2015）
4) 太陽光発電はCO_2削減にどれだけ貢献しているか？（tainavi.com）
   太陽光発電のCO_2排出削減量ってどのくらい？｜火力発電との比較や環境面以外の導入効果を解説（taiyoukou-secchi.com）
5) 電気代の不安▼住宅用太陽光パネルで"創エネ"暮らしどうなる？―NHKクローズアップ現代 全記録
6) 『太陽光パネル』は本当にお得？実は環境に悪い？　気になるギモンを専門家にぶつけました―地球のミライ―NHK みんなでプラス
7) 【最新】2022年度（令和4年度）の太陽光発電の売電価格は？ FIT制度を解説（taiyoko-kakaku.jp）
8) FIT・固定価格買取制度の仕組みとメリットをわかりやすく解説｜アスエネメディア｜環境情報・ESGを基礎から解説するサイト｜アスエネ株式会社（earthene.com）
9) 太陽光発電の売電価格これまでの推移（standard-project.net）
10) 太陽光発電の地域トラブルと調和・規制条例、今後の適正な促進に向けて、再生可能エネルギー発電設備の適正な導入及び管理の在り方に関する検討会資料（2022年）
11) 太陽光発電の光と影、三池秀敏、南野郁夫、時間学研究、10号pp.1-18（2019）
12) 三浦房紀「今なら間に合う南海トラフ巨大地震＆首都直下地震への備え」近刊

第1章　エネルギーの自給自足に向けて

　この章では、気候変動対策の国際的な取り決めである「京都議定書」と「パリ協定」を確認しながら、2023年4月に改訂された電気料金の大幅な値上げに対する自衛策としての、省エネ・創エネへの取り組みについて紹介している。特に深夜料金の大幅な値上げにより、従来は夜間に焚き上げていたエコ給湯は、太陽光発電を活用した昼間焚き上げに移行する必要があることを提案している。

1. 1　気候変動対策の枠組み（国際的取り決め）

　気候変動対策が叫ばれ始めて久しいのですが、なかなか一般市民の意識は、本格的な再生可能エネルギーの利用や、省エネ・創エネの取組に発展していません。21世紀も間もなく四半世紀を迎えようとする現在、地球上を覆いつくした人類の活動に伴う、数多くの課題が我々に突き付けられています。人類の活動は地球の気候現象にまで影響を与えるようになり、現代は新たな地質時代「人新世」の到来ともされます[1, 2]。特に環太平洋に位置し、四つの大陸プレートがひしめき合う日本列島は、気候変動に加えて地震・津波・火山噴火等の大規模災害の危険性が年々高まっています[3]。こうした状況下で、2020年3月から新型コロナウイルス感染症（COVID-19）がパンデミックとなり、さらに2022年2月にロシアによるウクライナ侵攻が始まりました。2023年10月にはパレスチナ紛争です。これらの事象により、世界経済は大きな打撃を受けています。特にエネルギー自給率と食料自給率が低い日本では、急激な円安の進行と相まって、深刻な経済状況が現出しつつあると言えます。

　1992年に採択された「気候変動枠組み条約」の具体的目標を定めたものが、1997年の第3回気候変動枠組み条約締結国会議（COP3）において採択されています。いわゆる「京都議定書」です[4]。この時の温室効果ガス排出量を、先進国全体で、2008年から2012年の間までに1990年の水準より5％削減す

ることが目標とされました。その時点のEU、日本、米国の目標は、それぞれ
8％、6％、7％と数字の上では、一見平等のように設定されていました。ただ、
すでに国を挙げて徹底した省エネに取り組んでいた日本にとっては、更なる
削減は非常に大きな負担でした。EUは東西ドイツ統一直後という特殊事情も
あり、目標達成は比較的容易で、EU全体として5.5％削減を既に達成してい
ます。日本は6％の目標を達成するため、国連気候変動枠組条約事務局に対し
「償却（目標達成のためのクレジット・排出枠を無効化する手続き）」を2015
年11月までに行い、京都議定書第一約定期間の6％削減目標を達成していま
す[5]。一方、当時のCO_2排出量世界一の米国はこの枠組みに参加せず、先進国
以外の発展途上国の参加もなく、実質的にこの枠組みは気候変動防止としては
ほとんど機能していません。

　「パリ協定」は[6]、2015年の「国連気候変動枠組条約締約国会議（**COP21**）」
で合意された枠組みで、京都議定書の後継に当たります。2020年以降の気候
変動問題に関する国際的な枠組みであり、発効するために以下の二つの条件が
設定されました。

1）55ヶ国以上が参加すること
2）世界の総排出量のうち55％以上をカバーする国が批准すること

　この設定条件を満たして、2016年11月にパリ協定が発効されています。こ
の結果、パリ協定には、主要排出国を含む多くの国が参加し、締結国だけで世
界の温室効果ガス排出量の約86％、159ヶ国・地域をカバーするものとなっ
ています（2017年8月時点）[6]。パリ協定での世界共通の長期目標は、

1）　世界の平均気温上昇を産業革命以前に比べて2℃より十分低く保ち、1.5℃
　　に抑える努力をする
2）　そのため、できるかぎり早く世界の温室効果ガス排出量をピークアウト
　　し、21世紀後半には、温室効果ガス排出量と（森林などによる）吸収量
　　のバランスをとる

とされています。パリ協定が歴史上画期的とされる理由は、途上国を含む全て
の参加国に、排出量削減の努力を求める枠組みであるということです。京都議
定書では、排出量削減の義務は先進国にのみ課せられていました。

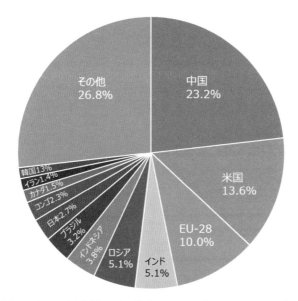

図 2　各国の温室効果ガス排出量シェア（2017 年時点）[7]。
経済産業省資源エネルギー庁の HP から転載。
（出典）CO₂ EMISSIONS FROM FUEL COMBUSTION2016（IEA）

　京都議定書が採択された 1997 年から今日までに、開発途上国は急速な経済
発展を遂げ、温室効果ガスの排出量も急増しています。2017 年時点での最大
の排出国は中国（23.2％）となっており、日本は 2.7％で 8 位と下がっていま
す。インド（5.1％）、インドネシア（3.8％）、ブラジル（3.2％）各国の経済
発展が顕著です（図 2 参照）。京都議定書に締結しなかった米国も、パリ協定
には参加し、2025 年までに 2005 年比で 26 〜 28％の削減目標を掲げています。
EU は 2030 年までに 1990 年比 40％の削減目標を掲げ、日本も 2030 年までに
2013 年比 26％の削減目標を掲げました。経済と両立しながら低排出社会を目
指す各国の取り組みが進められていますが、残された時間は少ないように思え
ます[7]。2021 年の COP26 では、1.5℃目標に向かって世界が努力することが
正式に合意され[8]、2023 年 11 月の COP28 では、より厳しい削減目標設定が
求められてくるものと想定されます[9]。
　日本政府は最近 2050 年までの排出実質ゼロを宣言し、このために 2030 年

までの削減目標を 2013 年比 46% と打ち出しています。はたして、現実的な目標設定と言えるかは疑問ですが、温暖化対策を大きく見直す必要があるのは確かです。残された 7 年間の取り組みが全てですが、課題は国の政治や企業任せではなく、市民一人一人の地球環境意識を育み、全国民的な運動へと転換できるかにありそうです。

1. 2　電気料金改定による市民意識の転換

　2023 年 10 月現在、ガソリン・灯油代や電気料金の高騰を中心とする物価高が進行しています。日銀の低金利政策が変わらない限り、この厳しい状況はしばらく続きそうです。しかし、このピンチは市民一人一人の意識を、気候変動対策を含む地球環境問題へと向けるチャンスに変えられるかもしれません。市民の意識は、パリ協定や COP28 での議論には向いていません。しかし、電気料金等の大幅な高騰への対策としての「省エネ」や「創エネ」への努力に向けることは可能と考えられます。その延長線上に温室効果ガスの効果的な削減策や地球環境保護への取り組みが見えてきます。

　2023 年 4 月、日本各地の大手電力会社の電気料金改訂が発表され、大幅な値上げが申請されました。中部電力、関西電力、九州電力の三社は値上げ幅が少なかったこともあり、国の認可がおり 4 月から値上げが実施されました。その他の大手電力会社は「託送料金の値上げを反映した値上げ」に加えて、「ウクライナ危機などによって起こった燃料価格の高騰を反映した値上げ」の両方を含めた大幅な申請をしていました。その値上げ幅が大きかったため、国はこの申請を却下し、値上げ幅の圧縮を求めています[10]。結果的に、東京電力、中国電力、北陸電力の三社は、託送料金の値上げを反映した値上げのみを 4 月より実施しています[11]。燃料価格の高騰を反映した値上げは、各社が国に再申請を行っている状態で、今後の値上げの時期や値上げ幅は、いまだに未確定の状況です（2023 年 5 月時点）。

　以上のように、現時点では①託送料金の値上げを反映した値上げだけが、電力大手 6 社ですでに実施されています。すなわち、値上げ幅の少なかった

申請分のみを国が認可しているのが現状です。しかし、②燃料価格の高騰を反映した値上げは、いずれ確実に実施されると考えられます。電気料金の高騰は、家庭や産業を直撃し、日本全体の経済活動に悪影響を与えることは必至です。こうした状況は全て、日本のエネルギー自給率がかなり低いことに起因しています。戦前もそうでしたが、エネルギーと食糧の自給率の低さが、世界的な経済不況となった時に深刻な事態をもたらすことは明白です。ただ戦前と異なるのは、エネルギーの自衛手段があることです。太陽光発電の活用です。21 世紀の最大課題とされる気候変動の危機を避けるためにも、今や「省エネ」では間に合いません。各家庭、各個人が「創エネ」への意識を共有し、実現していくことが求められています。国や企業に任せておけばよいという時代はすでに過ぎています。ここでは、具体的な「省エネ」、「創エネ」対策を示すとともに、差し迫っている 21 世紀の多くの危機や、日本独自の自然災害（地震・津波・火山噴火）への備えを議論しています。読者の多くの方々が、自分自身の課題として認識して、一歩ずつでも前向きに取り組んで頂ければと希求します。

表 3 は、中国地域の電力料金の価格改定表です [12,13]。この価格表は、我が家が契約しているファミリータイム・プランⅡ（電化住宅割引適用）の例ですが、最も憤慨したのは、**ナイトタイムの単価が 13.26 円/kWh から 30.40 円/**

表 3　2023 年 4 月中国電力の電気料金値上げ例 [12,13]

	区分		単位	**2023 年 4 月以降**	2023 年 3 月まで
基本料金	10kVA まで		1 契約	1,482.30 円	1,210.00 円
	10kVA 超過		1kVA	464.30 円	407.00 円
	デイタイム	夏季	1kWh	**50.81 円**	35.68 円
		その他季	1kWh	45.68 円	30.56 円
	ファミリータイム		1kWh	45.44 円	28.42 円
	ナイトタイム		1kWh	30.40 円	13.26 円
最低月額料金			1 契約	612.70 円	418.00 円
電化住宅割引額	基本料金と電力料金の合計の 8%				合計の 10%
電化住宅割引上限額			1 契約	3,300.00 円	3,300.00 円

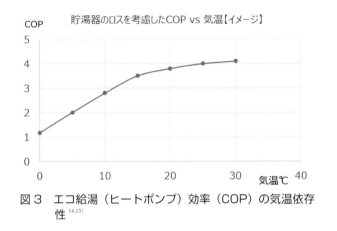

図３　エコ給湯（ヒートポンプ）効率（COP）の気温依存
性 [14,15]

kWhに値上げされている点です。なんと、約 2.3 倍の値上げです。この影響
は、エコ給湯を導入されている家庭の電気料金の大幅増に直結します。もと
もと、エコ給湯は深夜電力の安価な電力料金を活用し、ヒートポンプによる高
効率な給湯システムとして売り出されています。当初は、夜間の電力量料金単
価が 10 円/kWh 未満でしたが、東日本大震災以降の原子力発電の停止により、
夜間電力は上昇して来ました。そして、今回の値上げで、エコ給湯の焚き上げ
の時間設定をナイトタイムとする意味が無くなっています。特に冬場の気温
の低い夜間でのエコ給湯の利用は最悪の条件となります。従来（2023 年 3 月
まで）、ナイトタイムとデイタイムの料金単価は 2.3 倍の開きがありましたが、
4 月以降は 1.5 倍に縮小しています。仮に冬の日の夜間の温度を 0℃、昼間の
温度を 10℃とすると、ヒートポンプの効率はこの温度差を反映して 2 倍近く
になります（図 3 参照）[14,15]。夜間（0℃）8 時間で炊き上げていた湯量は、昼
間（10℃）であれば 4 ～ 5 時間で炊き上げ可能です [15]。すなわち、従来は夜
間焚き上げの方が使用電気代は少なかったのですが、今後は明らかに昼間炊き
上げの方が電気料金は節約できます（p.17 表 4 及び p.25 注 1）参照）。表 4 の
2023 年 4 月以降で、エコ給湯の昼間焚き上げの推定価格 274 円は、昼間の電
気料金 45.68 円/kWh で 6kWh を消費すると仮定した場合の価格です。この焚
き上げに太陽光発電が利用できるとすると、注 1）に示しているように電気料

金の大幅な節約が可能となります。太陽光発電を新たに設置される場合の売電価格は年々下がっていますが、導入費も低下しており、設備投資が回収できるのはおおむね7年〜10年とされます。表3の電力料金の値上げや、第二の値上げ（政府の支援終了時期）を視野に入れれば[10]、太陽光発電の導入は、今がベスト・タイミングと思われます。

　以上、主に電気料金の観点から太陽光発電とエコ給湯導入の必要性を述べてきましたが、以下に気候変動対策としての「創エネ」の勧めや、災害時のエネルギー自給、そして家計を守る長期戦略としての「太陽光発電＋エコ給湯」システムの必要性を議論しています。

1.3　エコ給湯の昼間焚き上げによる経費節減

太陽光発電との相乗効果

　2023年3月までの料金体系では、ナイトタイムの料金はデイタイムの半分以下（43％）に過ぎませんでした。これが、4月以降は66.5％にアップしています。この結果、気温の高いデイタイムに効率よく炊き上げる方が電気代は少なくて済むはずです。特に冬場の気温の低いナイトタイムの給湯器の焚き上げは避け、気温の上昇するのを待って、昼間に焚き上げるのをお勧めします。こうした情報は、一般の人々にはほとんど知らされていません。

　表4（p.17）は家族二人の家庭で、一日に必要な湯量を、冬場にエコ給湯で焚き上げるのに必要な費用を推定しています。この試算によれば、家族二人分の給湯器焚き上げの電気代だけで、夜間焚き上げでは一ヶ月（30日）で

表4　冬場のエコ給湯使用時に必要な電力料金シミュレーション（家族2名世帯の場合）

	夜間 （0℃：8時間焚き上げ）		昼間 （10℃：4時間焚き上げ）	
2023年3月まで （改訂前）	13.26円/kWh	160円 （1.5kW × 8h）	30.56円/kWh	183円 （1.5kW × 4h）
2023年4月以降 （改定後）	30.40円/kWh	365円 （1.5kW × 8h）	45.68円/kWh	274円 （1.5kW × 4h）

10,950円（= 365円/日×30日）、昼間焚き上げでは8,220円（= 274円/日×30日）の経費となります。太陽光発電が導入されていて晴天の日を仮に15日間とすれば、昼間焚き上げによる経費は5,550円程度に抑えられます（p.25注2参照）。更に、太陽光導入後10年以上経過した家庭では、売電価格が7.15円/kWhであることから（中国電力の場合）、4,750円程度にまで削減でき、大幅な経費削減（約−42％）が可能となります。もちろんこの試算はネット上の情報を頼りに行ったものであり、実証していません（現在、実証実験を4月から継続中）。ただ、図3のデータを信用すれば[14,15]、その可能性大です。

　以上の試算で明らかなように、エコ給湯を利用されている家庭では、太陽光発電の導入への大きなメリットが、この4月から始まっているとも言えます。

　従来、余剰電力を電力会社に売電して得られる収入と、昼間の電力使用を太陽光発電で賄うことによる電力料金の節約とにより、約8年から10年で設備投資額の回収が出来ていました。これに加えて、エコ給湯の昼間焚き上げにより、設備投資額の回収期間が更に短縮できます。「はじめに」で述べた通り、電気料金の高騰により、太陽光で発電した電力は「売電」から「自家消費」の時代へと変化しています。地球環境に優しい「**屋根のせの太陽光**」や「**ベランダでの太陽光**」発電により、効果的な電気料金高騰対策と温暖化防止対策の両立が可能となります。

実証実験の試行

　図4は、我が家の2023年4月以降の最近データ（購入電力量と売電電力量）を示しています。エコ給湯の昼間時間焚き上げを天気のいい日だけ実行し、天気の悪い日は焚き上げ休止とする実証実験を4月から開始しました。青色が購入電力量で、平均的には一日に**約5.5kWhの購入量**です。一方、太陽光発電による**売電量は一日に約13kWh**です。もちろん、4月から9月にかけては、天候も良く、太陽光発電の条件の良い夏場であり、ベストに近いデータと言えます（表5）。この試行期間ではエコ給湯器での「焚き上げ」時間帯をマニュ

表5　最近データから求めた我が家の2023年4月電気料金推定値
（推定を簡略化するため、電気料金の単価を40円/kWhとしている）

	購入電力量	売電電力量	総消費電力量	必要経費
推定電力量	165kWh/月 5.5 × 30日	390kWh/月 13 × 30日	345kWh/月 11.5 × 30日	
電気料金 （PV15年）	6,600円 165 × 40円	2,790円 390 × 7.15円		3,810円 6,600 − 2,790円
電気料金 （PV 無）			13,800円 345 × 40円	13,800円
電気料金 （PV 新設）	6,600円 165 × 40円	6,240円 390 × 16円		360円 6,600 − 6,240円

注）PV は Photo Voltaic の略で、直接の意味は「光起電性」であり、太陽光発電は、英語では Photovoltaic Power Generator と表現されます。

アルで制御し、天気の良い日には「たっぷり」モード（Panasonic社）で昼間に炊き上げ、天気の悪い日には「焚き上げ休止」としています。我が家の給湯器の容量は460リットルタイプで、たっぷりモードで炊き上げれば、ほぼ二日分の給湯が賄えます。このため、雨の日は焚き上げ休止に設定しました。図4より、この時期の天気の良い日の割合は、50％以上を超えており、約2日に1回の「たっぷり」モードでの昼間焚き上げで、エコ給湯を利用しています。すなわち、ほとんど太陽光発電の利用だけでエコ給湯を運転しており、家庭の購入電力を最小の状態に抑えることができます。課題は、天候不順な梅雨時や

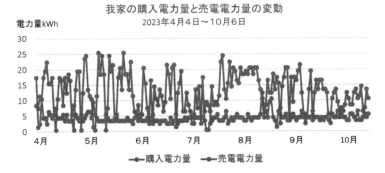

図4　我が家の最近の購入電力量（青）と売電電力量（赤）の日変化

太陽光発電の少ない冬場での給湯器の運用です。また、現状では手動により、毎日天気予報を見て、焚き上げるか休止するかを判断しており手間がかかります。ただ、ゲーム感覚で取り組めば、毎日の結果とデータ記録が楽しみになります。自動化手法の導入が求められますが、最新のエコ給湯は「**おひさまエコキュート** [16]」と題して、太陽光発電と連携した給湯器の昼間焚き上げ製品が販売されています。新規に太陽光発電を導入する場合でも、電力会社への売電価格は現在 16 円/kWh と低くなっていることから、給湯器を夜間に焚き上げる意味がありません。むしろ、自前の太陽光発電を自家消費することで、気候変動対策や SDGs への貢献となります。太陽光発電は、売電から自家消費の時代に変わりました。天気の良い日は、積極的に給湯器の昼間焚き上げがお薦めです。繰り返しになりますが、昼間は夜間に比べ気温も高く、エコ給湯に用いられている「ヒートポンプ」の効率も高くなり（p.13 図 2 参照）、短時間での焚き上げが可能となります [17,18]。

なお、この間（4 月～9 月）の電力使用量を求めると、1 日平均約 11.5kWh となります。以上より、我が家の 2023 年 4 月 1 ヶ月の電力料金推定値をまとめると、表 5 のようになります（p.25 注 3 参照）。太陽光発電がある場合とない場合、そして太陽光発電から 10 年以上経過した場合の 3 通りに分けて整理しています。

冬場のシミュレーション

一方、過去の我が家のデータから、最も条件の厳しい冬場の状況を予測してみましょう。最近 3 年間の 1 月の購入電力量は約 620kWh/月であり、売電電力量は約 180kWh/月でした。これを **2023 年 4 月以降の料金体系で試算**すると、購入電力料金 24,800 円（40 円/kWh × 620kWh）、売電価格 1,287 円（= 7.15 円 × 180kWh）となり、請求額は約 23,500 円となります。この時期の太陽光発電の発電量は年により大きな差がありますが、約 280kWh/月であり、約 100kWh の電力が太陽光で賄われていることとなります。太陽光発電がなければ、我が家の 1 月の電力使用量は 720kWh となり、請求額は現在の価格で 28,800 円と推定されます（現在の電気料金の平均単価を 40 円/kWh と

して）。すなわち、新料金体系でも 5,300 円の節約です。

　この期間は、エコ給湯の焚き上げは深夜電力を用いていたため、冬場の夜間という、ヒートポンプにとっては最も厳しい条件で使用していたことになります。ただ、当時のナイトタイム料金は約 13 円/kWhであったため、実際の請求額はそれほど大きくは無かったのです。それでも令和 5 年 1 月分の請求額は、燃料調整費が高騰したこともあり、電力使用量 584kWh に対して 21,835 円となりました。**電気料金の内訳は複雑**ですが（p.22 表 6 参照）、トータルで約 37.4 円/kWhの使用量料金となっています。一方売電量は 184kWh であり、電力会社の 1,315 円での買い上げでした。1 月の太陽光の発電量が 282kWh であったことから、太陽光発電中の自家使用量は 98kWh（282-184）であり、1 月全体の電力使用量は 682kWh となります。太陽光発電が無ければ、25,506 円（= 682kWh × 37.4 円/kWh）以上の請求額と推定されます（p.26 注 4 参照）。計算式が並んでしまいましたが、あくまでエコ給湯の夜間焚き上げを行っていた条件での推定値です。

　以上より、太陽光発電にとって好条件の期間（4 月）と悪条件の期間（1 月）とを比較して来ましたが、年間を通してのトータルでは約 13 万円の節約と推定できます。現在の太陽光発電のシステム価格が、3 〜 4kW 規模のもので 100 万円程度と考え、エコ給湯の設置経費を含めても、10 〜 13 年程度で投資額が十分回収できることとなります。現在のシステムの性能は 1kW 当たりの年間発電量が 1200kWh を超えるものが多く（設置場所・条件に依存）、4kW 程度のシステムでも我が家の年間発電量 5200kWh に匹敵すると考えられます。また、以下に示しますように、**エコ給湯の昼間焚き上げ**を実施すれば、更に大きな経費削減とエネルギー利用のクリーン化が同時に実現可能です。

エコ給湯の昼間焚き上げの効果

　表 6（p.22）は、我が家の最近（令和 5 年 4 月分）の電気使用量です。ただ、この使用量は 3 月分 4 日間と 4 月分 25 日間の混合であり、その点に注意が必要です。一見すると、燃料費等調整単価（4 月分−7 円/kWh）に使用量 167kWh をかけると−1,169 円となりますが、実際は−824.75 円です（表 6）。

表6 電気料金の内訳：我が家のR5年4月分の電気使用量より

契約種別	ファミリータイム2（電化住宅割引適用）[11]		
契約容量	6kVA	（100Vと200Vの併用）	
使用期間	令和5年3月28日〜4月25日		日数29日
請求額	6,635円	うち消費税額：603円	
燃料費等調整単価	1kWhにつき　　−7.00円（4月分から）		
使用量	**167kWh**（2023年）		
内訳	デイその他 11kWh	ファミリー 86kWh	ナイト　70kWh
前月	31日間	391kWh（2023年）	
前年同月	29日間	**286kWh**（2022年）	
請求額内訳	基本料金	1,444.74円	
	電力量料金	6,113.64円	
	燃料費等調整費	−824.75円	政府補助あり
	再エネ発電賦課金	576　円	
	口座振替割引	−55.00円	
	電化住宅割引	−619.53円	

注）表6は、電力会社からの電力使用量に対する請求額6,635円の内訳を示しています。電気料金体系が複雑なことが分かります。基本料金は、ファミリータイム2（電化住宅割引適用）の契約で毎月変わりませんが、これに電力使用量に応じた電力量料金が加わります。そして、原油価格変動等を反映した燃料費等調整費（第2章図6参照）、再生可能エネルギー発電への賦課金、さらに口座振替割引と電化住宅割引が加減されます。燃料費等調整費は、第2章で説明していますが、政府の補助により、現在単価がマイナスとなっています。また、電力量料金や電化住宅割引額は表2の体系により算出されています。これ以外に、太陽光発電による電力会社への売電料2,745円が有りますので、我が家の4月分の電気料金は6,635円−2,745円で3,890円となります。

　−7円/kWhの単価はあくまで4月分の単価です。4日間の3月分は別単価でした。4月からの料金改定により（p.15表3）、各時間帯の電力量単価も変わっています。3月分の電力量単価は表6には載っていません。その意味で、この表だけからは実際の電気量料金額を算出できません。4月分の明細をもらった直後は疑念があった方が多かったのではないかと考えます（著者もそうでしたが）。電力会社はもう少し丁寧な説明が必要と思います。ともあれ、使用量と請求額は間違ってはいませんでした。

　4月になって早々の4月4日から、我が家のエコ給湯を昼間焚き上げに転

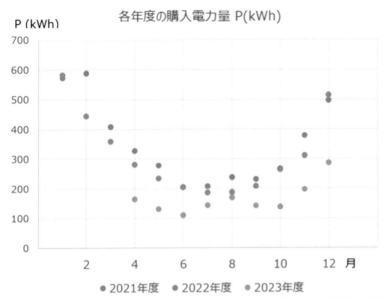

図5　購入電力量の年度変化。2023年度からはエコ給湯の昼間焚き上げ
　　を実施中

換した結果、電力会社からの購入電力量は約10kWh/日から約5kWh/日へと
低下しています（p.19 図4 参照）。その結果、表6に示すような購入電力量の
大幅な節約が実現できました。前年同月の使用量286kWhに対して、今年は
167kWhであり、約120kWhの削減となっています。なお、現在実証実験中
のエコ給湯の昼間焚き上げ効果は、図5に示しているように4月から12月ま
での段階で、過去の2021年度及び2022年度の購入電力量に対して30%から
50%減の形で推移しています。このデータからは、梅雨時期（6月中旬から7
月下旬）の課題はクリアできそうです。今年は梅雨の長雨が続かなかったのが
原因かもしれませんが。気温の高い8月前後は、昨年・一昨年からの購入電
力量の軽減幅は少ないようです。昼間でも夜間でも外気温が高いためと考えら
れます。太陽光発電の少ない冬場をどう乗り切るかが最大の課題です。今後の
データ蓄積が楽しみです。
　一方、太陽光発電やエコ給湯を導入されていない一般家庭では、電気料金

の高騰は現状でも耐えられないレベルになっていると思われます。特にこの冬場は、電気消費量や灯油使用量が増大し、家計を圧迫するものと予想されます。円安と原油高による灯油価格の高騰は、石油ストーブや灯油給湯機を使用されている家庭には厳しい現実となります。以下の第4章で紹介する、我が家の「エネルギー・クリーン化大作戦（省エネ・創エネ対策）」の中で、参考になり各家庭で導入可能なものがあれば、少しでも実行に移して頂けると良いのではと考えます。ご自宅の屋根への太陽光パネル（4kW程度）の設置とエコ給湯の導入が可能な家庭であれば、年間13万円程度の節約が可能であり、約10年前後で投資額の回収も可能です。現在の太陽光発電システムの寿命は20年～30年と想定されており、残りの10年～20年で投資額以上のリターンが必ず期待できます。**長期的視野と戦略**を持って、家計を守るとともに、気候変動対策やSDGsへの貢献に参加頂くことを期待します。また、「屋根のせの太陽光」の導入が厳しいご家庭は、「ベランダでの太陽光」をお試し頂ければと考えます。次章で紹介しています、J社のポータブル電源（太陽光パネル＋蓄電池）は、予算に応じて、5万円台から50万円台のシステムが幅広く選択できます（4章表8参照）。日当たりの良いベランダか庭に太陽光パネルを広げ、小型の蓄電池に充電することでクリーンエネルギーを創生し、夜間や早朝の厨房機器（電子レンジ、炊飯器、トースター等）の利用に供することができます。

参考資料

1) 斎藤幸平『人新世の資本論』集英社新書（2020年）
2) 北川舞、福岡幸太郎、地球史に人類の爪痕、日本経済新聞（Everyday Science, 2023年2月19日）
3) 気象庁｜南海トラフ地震について｜南海トラフ地震発生で想定される震度や津波の高さ（jma.go.jp）
4) 京都議定書に定められた温室効果の削減目標について（jcci.or.jp）
5) 京都議定書第一約束期間の削減目標達成の正式な決定について（お知らせ）｜報道発表資料｜環境省（env.go.jp）
6) 今さら聞けない「パリ協定」〜何が決まったのか？私たちは何をすべきか？〜｜広報特集

｜資源エネルギー庁（meti.go.jp）

7）有馬純、精神論抜きの地球温暖化対策 ─ パリ協定とその後（エネルギー）フォーラム（2016）

8）COP26 閉幕：「決定的な 10 年間」の最初の COP で何が決まったのか？｜コラム｜国立環境研究所 社会システム領域（nies.go.jp）

9）国連気候変動枠組条約第 28 回締約国会議（COP28）ジャパン・パビリオン設置に伴う展示の募集「報道発表資料」環境省（env.go.jp）

10）【2023 年 4 月〜】全国の電気料金の値上げについて徹底解説（selectra.jp）

11）電気料金単価表 ─ 低圧供給のお客さま ─ （energia.co.jp）

12）従来の電気料金メニュー一覧「ぐっと ずっと。WEB」中国電力（energia-support.com）

13）電気・ガス価格激変緩和対策事業に係る電気料金の特別措置について（energia.co.jp）

14）エコキュートの効率と気温の関係｜おんどとりと HEMS で測ってみよう！（ameblo.jp）

15）エコキュート：電気代と気温の関係に関する考察（fc2web.com）

16）おひさまエコキュート：新商品のご紹介｜エコキュート｜給湯・暖房｜Panasonic

17）【節電対策】エコキュートは何時にお湯を沸き上げるのが最も得か？｜旅と家（tabitoie.com）

18）エコキュートを導入するなら！知っておきたいエコキュート節約方法をご紹介します｜大阪発の関西地域密着型 エコキュート交換専門店【まじめデンキ】（majime-denki.jp）

19）Jackery ポータブル電源 2000 Plus ‐ Jackery Japan

注

1）太陽光発電を設置されている家庭では、天気が良く昼間発電していれば自前の電気エネルギーが供給できるので、さらに節約可能です。太陽光設置から 15 年目を迎えている我が家の電力会社への売電価格は 7.15 円/kWh なので、昼間 4 時間 × 1.5kW 程度の焚き上げは 43 円（＝ 7.15 × 6）程度で済むことになります。また、今から新たに太陽光発電を設置される場合でも、売電価格が 16 円/kWh（令和 5 年度）としても、96 円（＝ 16 × 6）程度で済むことになり、大幅な節電が可能です（以上の概算は、我が家のように、家族二人世帯が一日に使用する湯量を前提とした計算ですので、家族の人数に応じて数値は異なってくる点に留意ください）。

2）少し計算がややこしいのですが、以下のように試算しています。
気温 10℃で炊き上げるのに必要な時間は 4 時間と仮定し、一日に 6kWh が必要となる。すなわち、15 日間を太陽光発電（売電価格 16 円/kWh と仮定）で炊き上げ、残りの 15 日間を商用電力（購入電気料金 45.68 円/kWh と仮定）で炊き上げたとして計算（表 3、表 4 参照）すると、以下の計算式となり、月（30 日）に約 5,550 円必要。
15 日 × 16 円/kWh × 6kWh/日 ＋ 15 日 × 45.68 円/kWh × 6kWh/日 ＝ 1,440 ＋ 4,111 円

= 5,551 円

3) 4 月の電気料金推定値は購入電力料金 6,600 円から、売電電力料金 2,790 円を差し引いた 3,810 円となります。実際の 4 月分（3 月 28 日～ 4 月 25 日）の請求額は、電力使用量が 167kWh で 6,635 円、電力会社の購入電力量が 384kWh で 2,745 円となり、差し引き 3,890 円で推定値とほぼ一致します（表 5 注参照）。したがって、我が家に太陽光発電がなければ、約 13,800 円/月（= 11.5kWh × 30 日 × 40 円/kWh）の請求書が来ていたはずです。約 10,000 円の節約となります。新たに太陽光発電を今年度始められるケースでは、我が家と同規模の発電システムを新規に導入される場合、売電電力量料金は 390kWh × 16 円/kWh より 6,240 円であり、4 月の電気料金の請求額は、購入価格引く売電価格（6,600 円− 6,240 円 = 360 円）より 360 円となり、約 13,440 円の節約と推定できます。

4) すなわち、太陽光発電の効果は、冬場でも 4,986 円（= 25,506 円− 21,835 円 + 1315 円）程度となります。もし、新たに太陽光発電を始められる場合には、我が家と同規模の発電システム（年間約 5200kWh の発電）を導入されれば、売電電力料金は 184kWh × 16 円/kWh より 2,944 円となり、1 月の電気料金の推定総額は、18,891 円（= 21,835 − 2,944 円）であり、冬場でも約 6,600 円の節約となります。

第2章 家計を守る長期戦略としての太陽光発電

　　2023年4月に電力会社の料金の改定が行われ、庶民の生活は大きな打撃を受けている。対応策として政府は、燃料費等調整費の削減を実施して来たが、冬場に向かい厳しさは増している。「屋根のせの太陽光」やエコ給湯を導入されていない家庭でも、日当たりの良いベランダや庭で、小型の太陽光パネルと高性能蓄電池を組み合わせたシステム「ベランダでの太陽光」の導入による「創エネ」を推奨する。同システムは、アウトドアでの利用や災害（停電）対策にも活用できる。クリーンエネルギーとしての太陽光発電の活用を長期戦略として持ちたい。

2. 1　現状把握（燃料費等調整費の操作）

　ところで、1章までの分析は2023年4月の電気料金値上げを対象に議論して来ました。原油価格の高騰を反映して、電気料金（p.28 表7参照）のうち燃料費等調整費は高騰を続けていました。図6は我が家の燃料費等調整費（以下、燃料調整費）の経時変化を示しています。政府はこの値上がり分を補償するために、2023年1月から燃料調整費単価の切り下げにより国民負担を軽減する調整を行ってきました[12]。ロシア軍のウクライナ侵攻に伴う原油価格の高騰と円安を反映して、燃料調整費は2022年1月請求分（2022年2月）以降マイナスからプラスに転じ、2023年1月には最高値 + 8,771円を記録しています（図中縦線の位置：12月使用料に対する請求額）。その後、政府の「電気・ガス価格激変緩和対策事業」（当初は令和5年1月から9月までの9か月間）の実施により、1月使用料請求分の2月より急激に減少に転じ、4月には − 825円にまで低下しています（表7）。原油価格は少し低下したものの、円安傾向は依然続いており、当面は + 5,000円程度の燃料調整費の請求があってもおかしくありません。仮に2023年4月も + 3,000円の燃料調整費であれば、我家の使用量167kWhに対して6,635円であった購入電力量料金の請求額

表7　2023年4月の我が家の電気料金請求額の内訳（中国電力）[1,2]

名目	請求額	備考
基本料金	1,444.74 円	契約容量 6kVA
電力量料金	6,113.64 円 使用量：167kWh 前年同月：286kWh	デイ：11kWh ファミリー：86kWh ナイト：70kWh
燃料調整費	− 824.75 円	政府の支援により減額
再エネ発電賦課金	576　　円	
口座振替割引額	− 55.00 円	
電化住宅割引額	− 619.53 円	
計	6,635 円 平均単価：**39.7 円/kWh**	7,992 円（前年同月） 平均単価：**27.94 円/kWh**

が、10,459円に跳ね上がります。もし太陽光発電がなければ、電力使用量は345kWh程度であり、表5の電気料金詳細表から試算すると、約19,924円となり表4のPV無の料金よりさらに6,000円ほど高騰することとになります。

　表7は、我が家の4月分の電気料金の請求額の内訳です、参考のため前年度同月分の請求額も併せて示しています。なんと、電気代総額の平均単価（表

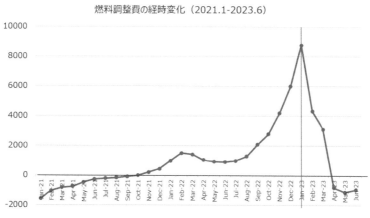

図6　燃料調整費推移（2023年1月分の請求額から政府の緩和対策が
　　実施）[2]

7 最下段）は約 28 円/kWh から約 40 円/kWh へと上昇しています。実に約 43％の値上げです。10 月以降に政府の支援がなくなれば、さらに単価は値上げされることとなります（実際には 10 月以降も政府の支援は続いています）。ちなみに、円安は 2023 年 11 月 10 日時点で更に進行し、一時 151 円/ドルを突破しています。また、灯油価格は 18 リットルで 2,000 円レベルとなっています。現状の日本経済の力量では、短期間で円高に移行するのは期待薄です。日銀のゼロ金利政策と米国の金利上昇との相乗効果も相まって、当面は円安傾向が続くと予想されます。やはり、今年の冬場（11 月以降）の電気料金の高騰に続く物価高が懸念されます。また、政府による補償はいつまでも続けられるものではないと考えられ、各家庭が何らかの自衛策を講じない限り、この難局を乗り切るのは困難と思えます。

2. 2 「ベランダでの太陽光」発電（アウトドアと災害対策を兼ねて）

　2020 年代に入り、アウトドア用の太陽光パネルと蓄電池の高性能化が進んでいます。特にリチュウムイオン蓄電池の高性能化・高信頼化が顕著で、過充電防止対策や加熱防止対策がなされた高信頼性が実現され、家庭でも室内で安心して利用できる商品となっています。太陽光発電と組み合わせる大容量の蓄電池は高価で、投資額の回収期間が長いことを考えると、アウトドア用の小型高性能蓄電池を複数台導入して太陽光発電と組み合わせることも効果的です。

　ここでは、「屋根のせの太陽光」やこれと組み合わせる「大容量蓄電池」の導入が困難である場合にも実施可能な、「**ベランダでの太陽光**」発電と高性能蓄電池による小型の創エネシステムの実例を紹介します。仮に一人暮らしではあっても、ベランダに小規模の太陽光パネルと小型蓄電池を備え、毎日 500Wh 程度の発電を行えば、新たに発電可能な世帯数を仮に 100 万世帯として、日本全体では新規に 500MWh 程度の発電所を手に入れることに相当します。いわば、クラウドファンディング型の創エネです。全国で取り組めば、かなりの規模の発電量が見込まれます。この方式であれば、電力系統とは切り離されており、自立型で持ち運び可能です。昼間に太陽光パネルで蓄電池に充電

した電力を、家庭内で必要とされる場所に持ち運び、各電気機器の利用に供せます。ベランダや庭のスペースに余裕が有れば、パネルの枚数を増やし、蓄電池は少し重いのですが1.5kWh程度の高性能のものの導入がお勧めです。費用は少し高価になりますが、電子レンジ、トースター、洗濯機などなど、利用範囲が一気に広がります。天候が悪く昼間の太陽光で十分充電できない時には、家庭内のコンセントで追加充電して夜に備えれば、災害時の停電等への備えとなります。もちろん、アウトドア活動を楽しまれる方々にもお勧めです。

　図7は、J社が販売している700Wh出力対応の蓄電池と充電用の太陽光パネル100Wシステム例です（図1再掲）。このシステムの購入価格は15万円を超え、決して安価とは言えませんが、災害用の非常電源としても利用でき、家庭の照明用やモニタテレビ用電源としても日常的に利用可能です。個人ですぐにでも導入実施できる「**創エネ**」**商品**と言えます。社会人として働き始めた若者にお勧めの一品ではないでしょうか。就職祝いとしてのプレゼントには少し高価でしょうか？　少なくとも、次世代の意識改革にはつながると筆者は確信しています。

　狭いベランダであっても、太陽がいっぱいのスペースさえあれば、日々の発電による充電と蓄電した電気エネルギーの利用はゲーム感覚の省エネ・創エネであり、国連の目標である**SDGs**（持続可能な開発目標）の第7番目の目標（**エネルギーをみんなに、そしてクリーンに**）達成への参加にもつながります[3]。ひいては、次章で述べる気候変動対策としても、小さな貢献ができるわけです。個人レベルでは小さくても多数の市民の参加があれば、クラウドファウンディングと同じで、地球規模の大きな貢献が可能となります。SDGsの7番目の目標の達成に、少しでも多くの方々の参加が望まれます。新たに100万世帯の小規模太陽光発電・蓄電システムの実現を目指しては如何でしょうか？

　こうした住宅用の太陽光パネルと蓄電池を組み合わせたシステムは、家庭の主婦にも

図7　小型創エネシステム[5]

活用されるようになり、高騰している電気料金対策として注目されています（NHK、クローズアップ現代[4]、2023 年 10 月）。各家庭のベランダや庭に設置できる太陽光発電システムは、アウトドア活動の電力源や災害時の停電対策としても活用範囲は広く、その性能は年々向上しています。一例を挙げますと、最近発売されたJ社の**ポータブル電源 2000Plus**は、定格出力 3kW（瞬間最大 6kW）、容量 2042Wh、AC ポート 5 口、USB ポート 4 口、シガーソケット 1 口、2 時間での高速フル充電、リン酸鉄リチウムイオン電池による長寿命化（4000 回サイクル充放電）と、非常に魅力的な性能を備えています[5]。あらゆる家電製品に対応可能な点が大きな特徴です（4 章参照）。これと組み合わされる太陽光パネルも 6 枚使えば、天気の良い日は 2 時間での高速充電も可能です。

　「屋根のせの太陽光」を導入している我が家では、主要な電気機器ごとに小型蓄電池を配置し、昼間に充電して夜間に消費する形で創エネ・省エネを実現しています。我が家で小型の蓄電池を導入したきっかけは、ペレットストーブを購入した時でした。ペレットストーブ導入は 4 章で詳しく述べますが（4 章 4.4 節参照）、地産の木材ペレットを、強制吸排気により、ほぼ完全燃焼させます[6]。そのため燃えカスの灰も非常に少なく、使用後の清掃も簡単なのですが、吸排気のために電源が必要です。停電しますと、ストーブ全体が高熱となり危険ですので、燃料の供給をたった後も吸排気が作動している必要があり、J社の 240Wh 小型蓄電池を導入しました。ストーブを利用しない夏場は夜間の室内外照明用に利用しています。2 年程利用して、製品の安定性や安全性を確認して、以下の 2 種類の蓄電池を追加購入し利用しています。

① ポータブル電源 1000（定格出力 1000W、容量 1002Wh）：液晶 TV 用電源

② ポータブル電源 1500（定格出力 1800W、容量 1535Wh）：炊飯器、トースター、電子レンジ用電源

なお、電子レンジ用には、後日発売されたポータブル電源 1500Pro が推奨されています。こちらは、高速充電機能や 2,000 回サイクル充放電の長寿命化が実現されました。また、冷却効率の向上により、安全性への配慮が十分で

す。同じ1500Whの製品を購入されるならこちらがお薦めです。現在使用中のポータブル電源1500では、朝夕の短時間の電子レンジでの加熱利用に限定し、長時間の高負荷利用を想定する場合（グリル機能、パン焼き等）は昼間の太陽光電力や商用電源を利用しています。リチウムイオン蓄電池は、当初、高負荷時の電池過熱による火災発生等が懸念されていましたが、安全性機能の付加や製品性能の向上により、信頼性の高い蓄電池となっています。ただ、後述のように（第4章4.5節）、リチウムイオン蓄電池は他の蓄電池に比べて発火リスクが高く、使用温度範囲の確認など、製品性能の限界を考慮した安全な利用が前提となります。

2. 3 長期戦略を持とう （家庭や学校への普及）

　現状の電気料金の値上げは、日本経済の体質と競争力の低下を反映し、政府の長期間に渡る赤字国債頼りの国家財政運営と、日銀の超低金利政策の継続等がもたらしたものであり、短期間には解決できる課題ではないと考えます。ウクライナ紛争やパレスチナ紛争の成り行きなど、国際情勢にも大きく左右されます。こうした状況を考れば、安定で安価なエネルギーの確保は、今や政府

図8　大学屋上に設置された太陽光発電システム
耐風性を考慮したドイツ製の設置システムを導入し[7]、風速35m/s程度までの耐風性を持つ。角度は東西に各10度傾斜した2枚のパネルが対になっており、風の抵抗を受けにくい形に配置されている。このパネル設置でも年間1300〜1400kWh/1kWの発電量を記録し、効率が高いことを確認している。

や電力会社任せでは済まされません。各家庭や個人が長期戦略を持つべき時が来ています。すなわち、省エネではなく創エネへの取り組みが必要です。電気料金の値上げに対する長期的な対策のためには、各家庭や個人が、規模は小さくてもエネルギーの創生に取り組む必要があります。省エネでは、現在の状況や 21 世紀の多くの課題に対応できません。

　ところで、本格的な「創エネ」は、やはり「屋根のせの太陽光」発電システムの設置です。各家屋の屋根に設置できるスペースがあれば、小規模の 3 ～ 4kW システムであっても十分な「創エネ」による電気料金の大幅な節約に繋がります。もちろん、屋根の形状や向きによっては設置が困難な場合も考えられますが、屋上が陸屋根でフラットな場合でも効率の高い設置方法が開発されています。筆者の所属する大学屋上（陸屋根）に設置されたのは、図 8 に示すドイツ製の K2 システムで、耐風性を確保した太陽光発電システム架台です。固定設置用のアンカー等は必要なく、重りによる固定方式で地上面に貼りつく形で耐風性を確保しています。パネルの傾斜角は 10 度で、真東と真西向きの傾きを持たせた 2 枚のパネルがペアとなって風の抵抗を抑えています。従来行われて来た、南向きに 30 度の傾きを持たせたパネルの設置方法では、台風や竜巻等の突風に対して脆弱です。屋根への設置に関しても、傾斜の強すぎる屋根より、傾斜角 20 度以内の屋根の方が耐風性は高いと思われます。

　なお、大学に太陽光発電を設置頂いたのは非営利株式会社「**市民共同発電うべ**」で、宇部市内の小学校・中学校 7 校の体育館の屋根に合計 155.4kW（各 22.2kW）の太陽光発電を設置された実績があります[7]。同社のホームページには、2020 年 4 月 1 日から 2021 年 3 月 31 日までの 1 年間の積算発電量が公開されています。積算発電量は 194,259kWh で、太陽光パネル 1kW あたり 1,250kWh/ 年の発電効率となっています。平均的な太陽光パネルの発電効率 1,200kWh/ 年 /1kW を上回っています。7 校の体育館に載せられた太陽光パネルのタイプは、CIS 化合物系発電モジュールと多結晶 Si 発電モジュールの 2 タイプですが、CIS 系モジュールの方が、同じ 1kW 当たりでの効率は高いようです。最も発電量が多かったのは、CIS 化合物系で 2020 年度 30,000kWh/ 年を記録し、発電効率は 1,351kWh/ 年 /1kW と予想以上の成果となっています。

CIS系の特徴は1kWあたりの発電効率が高く、夏場の高温時や曇りの日でも発電量は多いのですが、相対的に広い設置面積が要求されます。屋根のせの太陽光の場合、設置可能面積が狭いケースには、単位面積当たりの発電効率の高い多結晶Si発電モジュールが適していることもあります。状況に応じた選択が必要と思われます。

　一方、最新の技術（ペロブスカイト太陽電池）[8]では、薄膜（フィルム）状で壁面への設置も可能なシステムが実用化されようとしています。屋根の形状によらず、垂直な壁面や窓への設置など、幅広い用途が提案されています。この**壁貼りの太陽光**は今後10年以内に実用化され、廉価な太陽光発電システムが普及すると考えられます。より多くの方々が手軽に太陽光発電を利用できる時代が近づいているとも言えます。ところで、この本では「屋根のせの太陽光」や「ベランダでの太陽光」を取り上げ、各家庭や学校等で導入可能な小規模システム（概ね発電性能20kW未満）を中心に紹介しています。ただ、国全体の**カーボンニュートラル**の実現を考えますと、メガソーラー級の「野立ての太陽光」は必要です。FITが導入された当初と違い、地方農村や大都市郊外での「野立ての太陽光」の設置は厳しい目で見られています。

　その一方で、今年の秋に顕著となっている**「熊の出没被害」**[9]の防止対策としては、里山復活のための一手段として適正規模の「野立ての太陽光」が有効と考えられます。従来、山間部と住宅地との間に広がっていた畑や田は、いわゆる「里山」として日本の農村部の美しい景観を創り出していました。しかし、農村の後継者不足により、里山の畑や田は荒れ、雑草に被われた場所や伐採されずに放置された人工林が急増しています。このような場所は熊や野生動物の隠れ家となり、彼らが住宅地に容易に接近できる状況を創り出す要因となっています。こうした「野立ての太陽光」設置の適正場所を探し出し、信頼できる開発業者に情報提供するのは、地方行政機関の重要なミッションの一つであり、新たなビジネスモデルの創出にも繋がると考えられています[10]。

参考資料

1) 従来の電気料金メニュー一覧｜ぐっと ずっと。WEB｜中国電力（energia-support.com）

2) 電気・ガス価格激変緩和対策事業に係る電気料金の特別措置について（energia.co.jp）

3) SDGs17の目標｜SDGsクラブ｜日本ユニセフ協会（ユニセフ日本委員会）（uniccf.or.jp）

4) 電気代の不安▼住宅用太陽光パネルで"創エネ"暮らしどうなる？― NHK クローズアップ現代 全記録

5) Jackery ポータブル電源 2000 Plus – Jackery Japan

6) ペレットストーブの情報をわかりやすく掲載！｜ペレットステーション山口（s-sense.info）、https://www.warmarts.jp/

7) 市民共同発電うべ ― 非営利株式会社　市民共同発電うべ（jimdo.com）

8) ペロブスカイト型太陽電池の開発｜環境エネルギー｜事業成果｜国立研究開発法人　科学技術振興機構（jst.go.jp）、曲がる太陽電池（中国猛追）、ペロブスカイト型太陽電池（きょうのことば）日本経済新聞 2023 年 11 月 29 日号 3 面（総合 2）

9) クマによる人的被害 統計開始以降最多に 今年度 17 道府県 160 人｜NHK｜クマ被害

10) GIS を用いた PV 向けの人工林の樹齢を考慮した適地検討、髙橋沙里、重信颯人、髙橋明子、伊藤雅一、吉富政宣、日本太陽エネルギー学会講演論文集、2023、pp.119-122

第3章　気候変動の要因と対策

　　人類の活動による気候変動（地球温暖化）が危惧されている。その原
　　因となっているグローバル資本主義や「新自由主義」を確認しつつ、古
　　気象学の知見を紹介している。奇跡の完新世と呼ばれている最近1万年
　　間に及ぶ温暖な地球気候は、いつ変調をきたしてもおかしくない。過去
　　10万年、100万年の激しい気候変動の歴史はそれを物語っている。最近
　　100年間のCO_2の上昇に伴う気温の異常な上昇は、気候暴走への懸念を
　　もたらしている。寝た子を起こさない対策が求められる。

3. 1　新自由主義とショック・ドクトリン

　「はじめに」でも述べましたが、1950年以降の時代は人間活動が地球規模と
なり、その活動の記録が世界各地の地層にも明確に反映される地質時代「**人
新世**」となっているようです[1]。人工物の総量が地球上の生物の総量を超える
時代ともなっており、それらの影響は温暖化を始めとする気候変動はもとよ
り、多方面に及んでいます。2050年には100億人に迫ろうとする人口増加に
見合う農産物の量産を可能にしてきた化学肥料や農薬の大量生産・消費などに
より、世界各地の海洋汚染等を引き起こし、地球上の生命の大量絶滅の危機も
迫っています。わずか80年にも満たないこの「人新世」の時代に、非常に急
速な変化がグローバルに進行しています。いまや、その兆候は「みて見ぬふり
をする」状況ではないようです。その元凶の一つとなっているのが、資本主義
です。資本主義経済は、地球上のあらゆるコモン（公共財産）を商品化してい
ます。

　斉藤幸平氏は著書『人新世の資本論』の中で、地球上を覆いつくした人類の
活動が行き過ぎたグローバル資本主義となり、壊滅的な地球環境破壊を招いて
いると警告しています[1]。また、その対策として、人間と自然が繁栄する社会
を目指し、「コモン」を広げて経済成長を抑制する「脱成長コミュニズム」の

概念を提唱されています。先進国の生活を支えるための多くの資源を、途上国から収奪し、従来の消費生活のスタイルを続けている限りは、持続可能な社会は訪れません。我々一人一人が、今までの価値観を変えない限り、地球環境破壊やこれに伴う気候危機は避けられません。2050年までの脱炭素化の目標は、政府の掛け声と企業の努力だけでは達成不可能です。斉藤氏が主張する「脱成長コミュニズム」の実現に向けて、我々一人一人が具体的に何をなすべきかを、問い続け実践していく必要がありそうです。

　グローバル資本主義を加速してきた最大の要因は、近年の資本主義の進化です。特に、「新自由主義」を唱えたシカゴ学派のミルトン・フリードマン[2]は、1976年にノーベル経済学賞を受賞し、歴代の共和党大統領の知恵袋となっています。1980年代のレーガン大統領の経済政策（レーガノミクス）やイギリス・サッチャー首相の経済政策（サッチャーリズム）は、新自由主義の旗頭ともいえます。ケインズが唱えた公共事業や累進課税などの政府による経済への介入を否定したのが、フリードマンです。日本でも、当時の中曽根政権がレーガン大統領との連携を活用し、新自由主義を推し進めます。すなわち、従来は行政が行ってきた公共事業を次々と民営化し、NTTや日本たばこ産業、JRグループなどが設立され、市場原理を重視した経済政策が推進されます。フリードマンは、国家による経済への過度の介入を批判し、個人の自由と責任に基づく競争と市場原理を重視する考えを主張しています（『資本主義と自由』[2]、1962年）。しかし、行き過ぎた新自由主義政策は、21世紀になって巨大な格差社会を生み出し、雇用にも及んだ規制緩和で大量の失業者を生み出しています。その意味では、新自由主義は強い立場や能力がある強者の論理だとも言えます。

　NHKテレビ番組「100分de名著130」では、ナオミ・クラインの「**ショック・ドクトリン**」が取り上げられました[3]。ショック・ドクトリンとは、社会に壊滅的な参事が発生した直後、人々がショックで思考停止（茫然自失）に陥っている時をチャンスと捉え、そのショックを巧妙に利用する政策手法とさ

れます。市場原理主義を唱えるフリードマンは、「真の変革は、危機的状況によってのみ可能となる」と述べ、クラインはこれを「**ショック・ドクトリン**」と呼びました。この政策は、先進諸国が途上国から富を収奪することを正当化する最も危険な思想だと、痛烈に批判しています。実例として挙げられているのは、天安門事件、ソ連崩壊、米国同時多発テロ、米国南部のハリケーン被害、アジアの津波被害などの壊滅的な惨事発生後の巧妙な政策手法です。米国の同時多発テロでは、セキュリティ産業バブルが生じ、国防の主要機能のアウトソーシング（民営化）を契機として、驚異的なスピードで自由を失っていくアメリカという国家の姿を現地で目の当たりにしたのが、100分de名著130の解説者の堤未果氏です。堤氏がジャーナリストに転身する決意を固めたのは、同時多発テロ後のアメリカの姿をクラインが「ショック・ドクトリン」の中で見事に分析していたからだといわれます。物事を点でみるのではなく、線でつなぎ一連の歴史の流れや構造としてみることを、堤氏はクラインから学んだとされます。そして、ショック・ドクトリンへの対抗策は、ショックに茫然自失することなく、まず自分の頭で考え、社会や政治の領域で何が起こっているかをチェックし、解決に向けて行動することだとされます。すなわち、ショックにただ愕然とするのではなく、それを自分たちが覚醒するための契機ととられ、政府に頼ることなく、自分たちで考え、自分たちで行動し、問題解決をはかっていく力強さが求められるのです。これを「**民衆のショック・ドクトリン**」と堤氏は呼んでいます[3]。

　気候変動に伴って頻発している世界各地の災害（火災、風水害）への対応や災害からの復興は、政府任せにすることなく、住民の意思と発想による地道な努力と、災害ボランティアやクラウドファンディングなどによる民衆の支援が必要とされるのだと考えます。日本を襲っている現在の物価高（経済的ショック）への対抗策としても、「民衆のショック・ドクトリン」という知恵を活用する必要があります。政府や企業頼みの政策ではなく、国民一人一人が自分の頭で考え行動する「民衆のショック・ドクトリン」が実現されるべきなのです。

3. 2　古気候学に学ぶ未来の気候危機

　温暖化対策が叫ばれる中、毎年のように異常気象が世界を襲い、10 年に一度の災害が頻発しています。気候学者が真に恐れているのは、単純な地球温暖化ではありません。恐れているのは、現在の温暖化の進行により、地球の気候が突然不安定化し、激しく変動する気候危機の時代へと転移することです。図 9 右図に示されている約 12 万年前からの最後の氷河期が終わって約 1 万年の間（図中の Holocene 期間）、地球の気候は温暖に推移しています[4,5]。その間に人類の文明は急速に進歩し、地球上に人間（ホモサピエンス）は溢れ、その繁栄を謳歌（おうか）しています。ただ、その繁栄は一部の国や地域に限られ、世界中では多くの民が飢えや貧困に喘（あえ）いでいます。この間の 1 万年に及ぶ温暖な気候の持続は、地球史 35 億年というスケールで見た場合には、ほんの一瞬の出来事であり、まさに「**奇跡の完新生**」とも言えます[4,5]。この貴重な瞬間を大切に享受しつつも、来るべき気候の危機を未然に防ぐべく努力することが、我々

を含む「宇宙船地球号」の乗組員の使命（ミッション）と言えます。急激に進行する地球温暖化＆気候変動危機への対応は[6]、すでに"Mission Impossible（達成不可能な命令）"に近いのかもしれません。しかし、たとえそうであっても、アニメ映画「天気の子」の副題のように"Weathering with you（あなたと共に手を携えて困難に打ち勝って行こう）"と呼びかけて行く義務が我々にはあります[7]。このことを我々の次の世

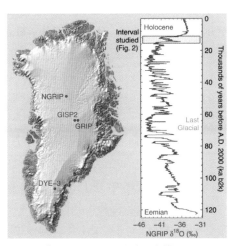

図 9　グリーンランド氷床の採掘サイトと、検出された δ [18]O 同位体の時間変化（右図）。参考資料 4）より Science 誌の許諾を得て掲載。

代に確実に伝える必要があると考えます。なお、図9中の約1万3,000年前から1万1,500年前の一時的な気温低下時期の出現（右図中の矩形の網掛け部分）は、後述のように、**ヤンガー・ドリアス**（Younger Dryas）と呼ばれています。

　人類が地球上に出現した約20万年前から約1万年前までの気候変動は非常に厳しいものがありました。図10は過去12.3万年間の気候変動を示しています。データは参考資料4）にあるグラフを元に、約480年毎のデータとして256点をリサンプリングして得られた結果です[4]。サンプリングの間隔が粗くサンプル値も正確とは言えず、精密なデータは原論文[4,8]を見て頂きたいのですが、過去12万年は非常に厳しい氷期が続き、突発的に気温の上昇する現象が何度も繰り返されています。この現象の要因は明らかではないのですが、**ダンスガード・オシュガー（DO）イベント**として知られています[8,9]。この最終氷期の12万年間に、20回以上の突発的な温暖化とこれに続く寒冷化（急激な気候変動）が起きています。特に約3〜4万年前の氷期の平均気温は現在より約10℃以上低く、ネアンデルタール人の絶滅にも関連する気候変動であった可能性が考えられています。我々の先祖（ホモサピエンス）は、この極端な気候変動を生き延び、現在の繁栄を謳歌していると言えます。ただし、このデータはグリーンランドの氷床のアイスコアにより得られたデータであり、北極圏に近い地域でのデータであることを念頭に置く必要があります。日本のような温帯の地域での気候と直接対応させることはできないのですが（参考資料9参照）。

　図10中赤枠で囲った部分は、過去1万年に及ぶ変動の少ない温暖な時代の出現を示しています。最後のDOイベント（約1万5千年前の急激な気温上昇）終了後に、現在の間氷期に移行する過程で一時的な寒冷期を経て、DOイベントより緩やかな温暖化が進行しています。その後、約1万年にわたる温暖な気候が続いているのです。この時期の到来が、人類文明の躍進を可能にしたと言えます。一時的な寒冷期（ヤンガー・ドリアス：YD）の出現は（図9参照）、参考資料8によれば、「北大西洋の海洋の熱塩循環（注のAMOC）の変化」が原因と考えられています。すなわち、「温暖化の過程で北半球の氷床

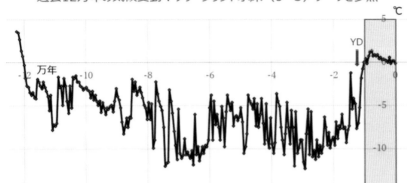

図 10　グリーンランド氷床のアイスコアの分析より得られた過去 12.3 万年の
　　　気候変動 [4]。図 9 中の右図のグラフを拡大し、約 480 年毎のデータとし
　　　て、解析用に新たに 256 点をマニュアルで選択。縦軸の気温は他の資料
　　　による目安の温度（注 1 参照）。

が融け崩壊することで、大西洋に大量の淡水が流入し、北大西洋深層水の循環
が一時的に停止したか弱まったことが寒冷化を招いた」とされています。この
可能性は、温暖化が急速に進んでいる現代においても、無視できない未来予測
とも言え、多くの研究と警告が報告されています [10-13]。ただ、YD からの温暖
化へのプロセスは、人類の活動が次第に活発となり地球全体に及んでいく過程
に相当しており、森林の伐採による CO_2 の増加や、農耕の拡大によるメタン
の増加が温暖化の引き金になったことも考えられます [9]。

3.3　非線形科学に学ぶ

　次にさらに視野を広げて、過去 100 万年の気候変動を見てみます。図 11 は
参考資料 14 の数値データを手動で 256 点リサンプリングして描いたもので
す。これも正確とは言えませんが、大まかな傾向はつかめます。図 12 はその
FFT（高速フーリエ変換）解析による絶対値スペクトルで、気候変動の明確な
周期性が確認できます [14]。図 11 中の赤枠の部分は、最近 12 万年間の変動で

あり、図 10 の全期間に対応します。図 12 のスペクトル中に矢印で示しているように、約 2.3 万年、4.1 万年、及び 10 万年周期のピークが確認できます。これらの周期は、中川氏の著書「人類の気候と 10 万年史」の中でも指摘されている 3 つの天文学的要因に基づく周期性に対応しています[9,15]。対応する周期とその要因を表 8（p.43）にまとめています。これらの周期性は、**ミランコビッチ・サイクル**と呼ばれています。ミランコビッチは地球の気候変動に与える天体現象として、地球の公転軌道の変化（離心率）、地軸の傾きの変化、及び地軸の向きの円運動（歳差運動周期）の 3 つの原因を掲げ、それぞれ 10 万年、4.1 万年及び 2.3 万年の周期性を持つとしています[15]。図 11 からは、ほぼ 10 万年周期の変動の存在は感じられますが、図 12 のスペクトルではじめて、約 4.1 万年周期の変動と約 2.3 万年周期の変動が含まれているのが明確に確認できます。地球の気候変動は、大気中の CO_2 濃度やメタン濃度を始め、海流の変化や太陽活動（黒点増減）など、非常に多くの要因（ノイズ）がからみあった複雑現象であり、かつ典型的な非線形現象です。

　この中で、地球の公転周期や地軸の変化による周期性が、明確な形で出現してくるのは非線形系特有の面白さでもあります。ミランコビッチ・サイクル

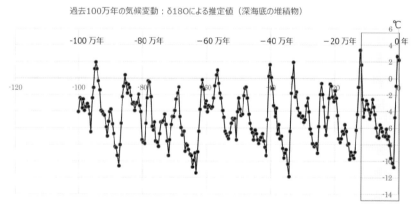

過去100万年の気候変動：δ18Oによる推定値（深海底の堆積物）

図 11　最近 100 万年の気候変動（酸素同位体法 δ ^{18}O による気温推定）[14]。赤枠は過去 12.3 万年の範囲を示し、図 10 の全区間に対応している（注 1 参照）。

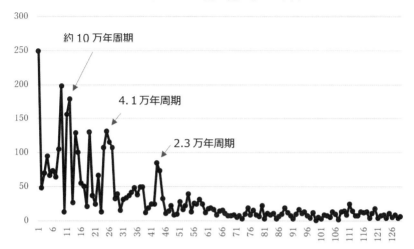

図 12　最近 100 万年の気候変動データ（酸素同位体法 $\delta^{18}O$ による気温推定）
　　　にもとづく変動のパワスペクトル。参考資料 14）の数値データのリサン
　　　プリングによる 256 点を用いた（注 2 参照）。

表 8　気候変動に影響を与える天体現象（Milutin Milankovitch 理論[15]）

気候変動の周期性	天文学的要因 （ミランコビッチ理論）	内容
10 万年周期	地球の公転軌道の変化 （離心率）	円的軌道（氷期）から楕円的軌道（温暖期）へ
4.1 万年周期	地軸の傾きの変化	地軸の傾きは 21.5 度から 24.5 度の間で変化
2.3 万年周期	地軸の向きの円運動 （歳差運動周期）	コマの回転が鈍った時の「軸のブレ」に相当

を説明する非線形理論は、「**確率共鳴**」として知られています[16,17]。この現象
は、動物が捕食行動を行う場合にも利用していると考えられています。例えば
ザリガニは、水流のない環境では餌の小動物の動きが捉えられないほど離れて
いる場合でも、流れがある川の中ではかえって餌の動きを感知することができ
ます。通常はノイズと考えられる水流の揺らぎが、餌の小動物の周期的な動き

と重なって、ザリガニの知覚神経系の閾値を超えて認知可能となります。すなわち、閾値のある非線形システムでは適切なレベルのノイズがあることで、かえって信号の検出が容易になる（信号対ノイズ比S/Nの極大値が存在）のです。これが確率共鳴です。確率共鳴現象は気候変動の予測に関して考慮すべき重要なファクターです。確率共鳴は、すでに多くの工学的利用法が開発されており、画像処理や高感度センサーなど、多様な用途が広がっています。人間や多くの動物の感覚器でも、この原理が応用されています[16]。

　氷期と間氷期を説明するミランコビッチ理論が、この確率共鳴研究の発端となっているのは非常に興味深いところです[17]。気候変動は、地球という非平衡・開放系に出現する、一過性の現象であり非定常で時間の矢のある非線形現象と考えられます。科学が前提とする再現性を問うことが困難な系でもあります。人間の一生はもちろん、地球を含む太陽系の進化や、銀河系や宇宙全体の時間発展もそうであるように、自然界の森羅万象のほとんどは一過性の非可逆現象です。すなわち、気候変動（気象現象）は非平衡の開放系で展開する、非定常・非可逆現象として分類でき、その非線形性は強い初期値敏感性を持ち、未来予測が困難なカオスシステム[18]でもあるのです。従来の科学（古典物理学や物質の科学）の適用範囲外にあり、最先端の"生きたシステムの科学[19-21]"の研究対象であると言えます。この意味で、20世紀後半から発達してきた「非線形科学」の21世紀における重要性はますます増大しています。それにもかかわらず、大学の教養教育で非線形科学を学ぶ機会はほとんどありません（工学部や理学部の一部の学科で専門的に学ぶ学生を除いては）。すなわち、多くの社会人の常識とはなっていないのです。このこと自体が問題であり、21世紀の多様な課題解決を担う次世代の教養教育を見直す必要性を感じています。特に従来の理系の教養物理学の内容となっている力学、熱力学、電磁気学は19世紀までの学問であり、せめて20世紀に花開いた量子力学、統計物理学（物性論）や非線形科学の序論くらいは加えないと、日本が21世紀の新たなイノベーションをリードするのは困難だと思われます。現状は情報科学分野の数理データサイエンス・AIが強調されていますが、その次の世代の技術革新を目指すのであれば、入門レベルの**量子力学と非線形科学**は必須と思

われます。

　なお、非線形現象や非線形科学と言いますと、一般の方々には難しそうに聞こえますが、とても身近な現象でもあります。気象現象だけでなく、我々の体の中でも非線形現象が生命維持を支えています。一番分かりやすい例は、心臓の鼓動です。その波形はパルス的な非線形振動です（図13上図）。また、正弦波状の振動波形を示すのは、線形現象です（図13下図）。振り子を小さな振幅で振らせますと、等時性を示します。振り子時計はこの原理を利用しています。この時の振動波形は正弦波状になります（横軸を時間、縦軸を振幅で表した場合）。しかし、振幅を大きくしていきますと、等時性は破れ非線形振動となっていきます。身の周りで観測される多くの自然現象や生命現象のほとんどは非線形現象なのです。

　一方、気候変動に関してはさまざまな見解があり、必ずしも2050年にゼロエミッションを目指す必要はないとする研究者もおられます[22]。古気象学の多くのデータでも、CO_2の上昇が温暖化のさきがけではなく、温暖化の結果CO_2が上昇して来たケースが多いことを示唆しています[23,24]。ただ、2021年度のノーベル物理学賞を受賞された真鍋叔郎氏の気候変動モデルによるシミュレーションでは、過去1000年の気温変動がほぼ正確に再現されており[25-28]、CO_2の上昇が温暖化の原因となりうることが実証されています。一方、気候変動の原因となりうるファクターは非常に多く、太陽活動の変化や大規模な火山噴火の影響が過去に一時的な寒冷化をもたらしています。また、1万5千年前の急速な温暖化の後に起こった急激な寒冷化（ヤンガー・ドリアス）の例もあります[8]。すなわち、地球システム自体が非常に自由度の大きなカオスシステムであり、未来予測を非常に困難にしているのが真の姿ともいえます。明確に言えることは、現在のCO_2や気温の上昇速度は過去に例がないほど速く、明らかに異常な変化です。この1万年以上続いている完新世の安定な気候を維持するには、中川氏が指摘されているように[9]、人類の活動が余計な擾乱となり「寝た子を起こす」結果とならないように努力することが必要であろうと考えます。寝た子を起こせば、気候暴走の未来もあり得えます[29]。

3．4　気候変動への具体的対策を急げ

　古気候学の知見を調べてみると、地球上の気候は過去 500 万年以来、その変動の幅を広げています。現在の温暖で安定な気候は、むしろ例外的で奇跡的ともいえます。約 1 万 2,000 年前の一時的な寒冷化（ヤンガー・ドリアス）時期以降、世界人口の増加とその活動の活発化（特に農耕文化の広がり）が、完新世（約 1 万年間）の奇跡的な気候の安定を導いてきたという指摘もあります[9]。ただ、この 100 年に限れば、科学技術の急速な発達を背景に、人類の活動は過大となり、過去に例がないほどの急速な温暖化を招いています。真鍋博士が示されたように、産業革命以降の人類の活動に伴う CO_2 の排出増加が、急激な気温上昇の原因であることは確かなようです。

　また最近、ケンブリッジ大学を中心とする国際研究チームにより過去 6600 万年にわたる地球の気候変遷がまとめられています。温室効果ガスの輩出による温暖化の将来予測結果は、非常に厳しい状況となることが指摘されています。地球の公転軌道の周期的変動による氷期・間氷期の到来による気候変動（自然の要因）より、温室効果ガスの排出による温暖化（人工的な要因）のほうがはるかに大きな影響をもたらす恐れがあると結論されているのです[30,31]。実際に約 5500 万年前の「始新世」初期には、極地に氷床はなく、地球の平均気温は現在より 10℃ 以上高かった時代（ホットハウス）があったとされます。温室効果ガスの排出量を削減しない限り、現在の極地に氷床を持つ「アイスハウス」の地球は、「ホットハウス」へと急速に遷移していく可能性があるのです[32]。この恐怖のシナリオが実現する恐れは否定できません。我々に残された時間は、決して多くはないようです。

　ただ、「ホットハウス」から「ウォームハウス」、「クールハウス」を経て、現在の「アイスハウス」に到達している地球気候の状況を考えれば、地球全体の気温は数千万年をかけて次第に冷却しているトレンドがあるのは確かなようです。このトレンドに対し CO_2 を始めとする温室効果ガスの輩出を適切に制御することができれば、現在の温暖な気候を維持できる可能性もあるのではな

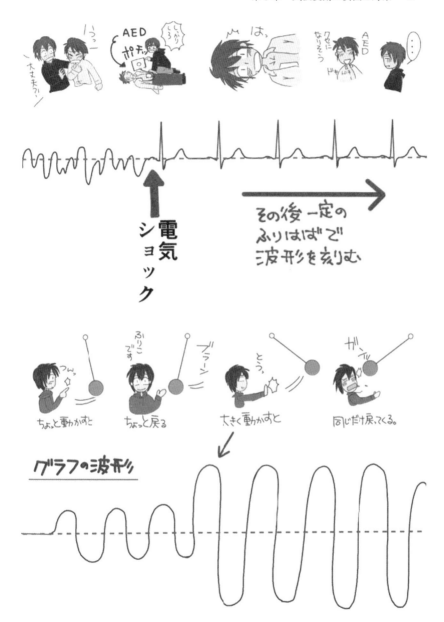

図13　線形振動と非線形振動のイメージ。正常な振動に戻った心臓のインパルス波形（上図）は非線形振動で、振り子の微小振動は線形振動です。

いかと、楽観的な見方もできます。しかし、グローバル資本主義が支配する
21 世紀の人類社会に、その適切な制御ができるとはとても考えられませんが。

参考資料
1) ①斎藤幸平『人新世の資本論』集英社新書（2020 年）、②『人新世の「資本論」』著者に
   聞く〜経済成長至上主義がもたらす未来、持続可能な社会へのヒント（nec.com）
2) ①ミルトン・フリードマン『資本主義と自由』村井章子訳、日経BP（2008 年）、
   ②「新自由主義」を唱え、ケインズ政策を批判したフリードマン｜NIKKEIリスキリング
3) ①名著 130『ショック・ドクトリン』ナオミ・クライン ― 100 分de 名著 ― NHK
   ②堤未果、ショック・ドクトリン：ナオミ・クライン（NHKテキスト、2023 年 6 月）
4) Steffensen, J.P. et al. (2008) High-resolution Greenland ice core date show abrupt climate
   change happens in few yeares Science, 321, 680-684, doi: 10. 1126/science 1157707
5) 完新世　完新世 ― Wikipedia
6) 気候変動に具体的な対策を（SDGsの目標 13「気候変動に具体的な対策を」で解決するべ
   き問題と現状とは（gooddo.jp））
7) 天気の子副題　天気の子サブタイトル"Weathering with you"の意味（日本語訳）と深読み
   考察。｜ライタメリッチ（info-lance.com）
8) 北極域のアイスコアによる古環境研究：歴史と今後の展望、東久美子、地球化学　53,
   pp.133-148（2019）.
9) 中川毅『人類と気候の 10 万年史』講談社ブルーバックス（2017）
10) On the freshwater forcing and transport of the Atlantic thermohaline circulation,
    S.Rahmstorf, Climate Dynamics, 12, pp.799-811（1996）.
11) Rapid changes of glacial climate simulated in a coupled climate model, A.Ganopolski and
    S. Rahmstorf, Nature 409, pp.153-158（2001）.
12) 大西洋の循環に停滞の兆し…映画『デイ・アフター・トゥモロー』は現実になるのか｜
    Business Insider Japan
13) Observation-based early-warning signals for a collapse of the Atlantic Meridional
    Overturning Circulation, N. Boers, Nature Climate Change, 11（2021）pp.680-688.
14) 過去 100 万年の気候変動データ：http://www1.ncdc.noaa.gov/pub/data/paleo/paleocean/
    specmap/specmap2/odp677i.stretch
15) ミランコビッチ・サイクル ― Wikipedia
    Canon of Insolation and the Ice Age Problem, M.Milankovitch, Zabod za Udz benike i
    Nastavna Stredstva: Belgrade, Serbia, 1941
16) 確率共鳴①生命におけるリズムと確率共鳴、甲斐昌一（蔵本由紀著『リズム現象の世界』

岩波書店、2005）、②確率共鳴の基礎概念とその応用、田中航二、大阪商業大学論集、第 5 巻第 1 号、pp.379-391（2008）

17）The Mechanism of Stochastic Resonance, R.Benzi, A.Sutera, and A.Vulpiani, J. of Physics A, Vol14, 1981, pp.L453-457.

18）A Physical-Mathematical Approach to Climate Change Effects through Stochastic Resonance, M.T.Caccamo and S.Magazu, Climate 2019, 7,21

19）カオス（決定論的カオス）①カオス理論 ― Wikipedia、②森肇、蔵本由紀『散逸構造とカオス』岩波書店（1994）、③合原一幸翩『カオス ― カオス理論の基礎と応用』サイエンス社（1990）など

20）蔵本由紀『非線形科学』集英社新書（2007）

21）三池秀敏、森義仁、山口智彦『非平衡系の科学（3）― 反応・拡散系のダイナミックス』講談社サイエンティフィック（1997）

22）CO_2 濃度は 5 割増えた ― 過去をどう総括するか、今後の目標をどう設定するか？｜キヤノングローバル戦略研究所（cigs.canon）

23）二酸化炭素と気候変動史、大嶋和雄、石油技術協会誌 Vol.56　No.4（1991）

24）地球上の二酸化炭素レベルは 400 万年前の状態に（sbs.com.au）

25）本当に二酸化炭素濃度の増加が地球温暖化の原因なのか、江守正多地球環境研究センターニュース、Vol.29（2018 年 6 月号）本当に二酸化炭素濃度の増加が地球温暖化の原因なのか｜地球環境研究センターニュース（nies.go.jp）

26）大気海洋陸面結合モデルによる温暖化の予測、真鍋叔郎、九州大学応用力学研究所報 Vol.84（1998 年 10 月）

27）Role of greenhouse gas in climate change, S. Manabe, Tellus A:Dynamaic Meteorology and Oceanography, 2019, 71, 1620078

28）IPCC 第 5 次評価報告書、技術要約

29）横山裕道『気候の暴走』紀伊国屋書店（2016）

30）過去 6600 万年の地球の気候の変遷が初めてまとめられる｜ニューズウィーク日本版 オフィシャルサイト（newsweekjapan.jp）

31）An astronomically dated record of Earth's climate and its predictability over the last 66 million years, T.Westerhold, N.Marmwan, A, J,Drury, D.Liebrand, and J,C.Zachos, Science, Vol.369, 2020, pp.1383-1387

32）https://www.esc.cam.ac.uk/about-us/news/ record-earths-cenozoic-climate-reveals-role-of-polar-ice

注

1) 地球の空気中の酸素の主な同位体は ^{16}O が 99.759％ですが、少し重い ^{18}O が 0.204％、^{17}O0.037％含まれています。これらを含む水 H_2O は酸素の同位体によって重さが異なります。^{18}O を含む水は重いので少しだけ蒸発しにくい。また、空気中の水蒸気から水滴をつくったり雪の氷になったり、鉱物中に取り込まれたりする場合も温度によって水分子の同位体比がずれます。この結果、氷床の古い氷をとってその酸素の同位体の変化（$\delta^{18}O$）を調べると、氷ができたときの気温が推定できるのです。図 10, 11 はそうやって酸素の同位体比から求めた温度を過去にさかのぼって示したものです

2) 図 12 は 100 万年間の気温の上下が、各周期（横軸）でどのくらいの頻度（縦軸）で現れたかを示します。10 万年、4.1 万年、2.3 万年などが高く出ています。100 万年の間には、太陽系の一員である地球の運動（公転 1 年、自転 1 年など）に加えて太陽自体の運動や変化、その他の惑星や月の変化の影響など複雑な周期運動の影響があると考えられます。未知の周期の影響も含めて、地球の気温変化が、強さと周期の異なる多数の単純な波（サイン・コサインカーブ）を足し合わせたものとして測定値を近似できます（フーリエ解析）。これによりある周波数の所に大きな頻度（パワー）が現れるとその元が何であるかを考えることができるのです（p.43 表 8 参照）。

第4章　我が家のクリーンエネルギー大作戦

　21世紀に入って地球市民の置かれている環境は激変を続けている。身近なエネルギー関連機器も、SDGsが掲げるクリーンエネルギーの創生に向けて転換することが求められている。我家でも、省エネ・創エネに取り組み始め、20世紀型の光熱環境を、21世紀型に切り替えて来た。LED照明に始まり、太陽光発電、エコ給湯、オール電化、ペレットストーブ、小型高性能蓄電池を20年近くかけて導入し、そしてエコ給湯の太陽光発電による昼間焚き上げを現在試行している。

4.1　20世紀末までの光熱環境

　「はじめに」や表1（p.5）で示しましたように、20世紀末のエネルギー関連機器には、ガスレンジ、石油ストーブ、蛍光灯、灯油ボイラー給湯器、太陽熱温水器、電気ストーブ（温風ヒーター）などが身の回りに溢れていました。しかしこれらは、それぞれに課題を抱え今や20世紀の遺物となろうとしています。この身の回りの機器の中で、自前でクリーンエネルギーを創り出す機器は**太陽熱温水器**くらいだったでしょうか。冬場の冷たい水道水を温水に変換してくれるこの機器は、当時の灯油ボイラー給湯器の焚上げ時間をかなり短縮してくれていました。もちろん、夏場は熱いくらいの温水が蓄えられており、そのままお風呂に入れる状態でした。しかし、この給湯器の寿命は短く、10年は持たなかった記憶があります、また、自宅の屋根はスレート瓦で、局所的に荷重がかかることや、太陽熱温水器の水漏れなどで屋根の痛みなどの弊害もあり、早目の撤去を余儀なくされました。通常の瓦屋根の上に設置された太陽熱温水器は結構長く使われているようです。太陽熱温水器の導入は、我が家でのエネルギーのクリーン化作戦の第1号でした。

照明器具

電灯は 1970 年代以降、白熱電球から蛍光灯に置き換わっていきました。白熱電球はエネルギー効率が悪く、かなり発熱し触ると火傷しました。しかし、その温かみのある照明は、まさに家庭の温かさを代弁しているような存在でもありました。ただ、白熱電球の寿命は LED の 1/40 以下（約 1,000 時間）で[1]、場合によっては直ぐに切れてしまうことも多かったのです。これは白熱電球の大きな欠点でした。低温の状態では電気抵抗の低いタングステン・フィラメントに、点灯時に過大な電流が流れ一瞬に高温になりフィラメントが溶けてしまう結果の現象でした。スイッチ ON した後に、印加電圧が徐々に上がるような設計にしておけば、短時間で切れることはほとんどなくなります。とはいえ、屋外の街灯に利用されていた白熱灯は、直ぐに蛍光灯に置き換わり、今はほとんどが LED 照明となっています。交通安全を守る信号機の照明も 21 世紀にはほとんどが LED に置き換わっています。その一方で、北国の豪雪地帯では、置き換えたことによって熱を持たない LED 信号機は、雪に埋もれて見えなくなってしまったという弊害もあるようです。白熱電球を用いた信号機ですと、かなりの発熱があり、積もった雪を短時間で溶かす役目を果たしていたようです[2]。

一方、政府は 2011 年の東日本大震災を契機に、蛍光灯照明から LED 照明への移行を推し進めています[3,4]。すなわち、「高効率照明（LED や有機 EL）については、2020 年までにフローで 100％、2030 年までにストックで 100％の普及を目指す」と表明しています（地球温暖化対策計画 2016 年）。これに呼応して、メーカー各社は 2020 年までに蛍光灯や水銀灯の照明器具の生産・出荷を終了し、交換用の蛍光ランプや蛍光管の生産も 2030 年までには終了する予定です。現時点でも、生産量は減少し価格もかなり高価になっています[5]。また、蛍光灯を LED に置き換えるメリットはコストや寿命面だけでは無いようです。紫外線を含む蛍光灯には虫が寄ってきやすいのですが、紫外線の少ない LED 照明には虫が寄りにくい利点もあるようです。また、調光の容易さや IoT 家電としての利点もあります[4]。確かにかつては、蛍光灯の街灯の周りに多くの蛾や昆虫が群れていたのを思い出します。夏の夜の風物詩？とは

言えないかもしれませんが、今のLED街灯ではその風景を目にしないようです。

　我が家では、21世紀に入って早々から、蛍光灯をLED照明に置き換えてきました。当初はかなり高価だったLED照明も、今では手頃な値段となり、照明の明るさや色調も細かく調整可能となっています。いずれにしても、電気エネルギーを利用する電灯は、そのままではクリーンとは言えません。白熱電球や蛍光灯、そしてLEDへの変化は省エネ化への進化だったわけですが、電力会社の発電には石油・石炭等の化石燃料による火力発電が当時の主力を占め、太陽光や風力などのクリーンエネルギーの割合は微々たるものでした。和ロウソクによる照明は、再生可能エネルギーの活用と言えるかもしれませんが、今や利用は趣味の範囲です。家庭でのクリーンエネルギーとしての太陽光発電の導入が期待されます。

暖房器具

　一方で、一番頭を悩ませたのは冬場の暖房でした。暖房器具は1950年代から1960年代にかけては、炬燵や火鉢が主役で、このために木炭、たどん、豆炭、煉炭などが燃料として使われていました。木炭や木炭の粉を固めた煉炭などは再生可能エネルギーと言えるかもしれません。ただ、これらの燃料は、着火直後は、煙や臭いとともに毒性の強い一酸化炭素を大量に発生するので、十分な換気など取り扱いの注意が必要でした。特に煉炭炬燵などでは、数多くの一酸化炭素中毒による死亡事故が報告されていました[6]。それでも、当時の家屋は隙間が多く、多くの家庭で利用されていました。現在の密閉性の高い家屋では、絶対に使用できない危険暖房器具です。

　1970年代から80年代にかけて、家庭暖房の主役は石油ストーブへと移ります。石油ストーブの製品改良の結果、着火時を除き完全燃焼に近い形が実現されます。火力が強いため、冬場でも室内の温度を25℃近くまで上げることも可能となりました。ただ、一酸化炭素中毒は少なくなったのですが、長時間の室内での燃焼により、二酸化炭素の濃度が高くなる恐れがあり、定期的な換気が必要なのは変わりません。特に密閉性の高い最近の家屋では十分な注意が

必要です。また、灯油の取り扱いや着火・消火時の強烈な臭いには、かなり悩まされました。手動のポンプで灯油缶からストーブのタンクに移す際には、必ず灯油の臭いが手に残ったものです。現在では、密閉性の高い家屋の室内冷暖房はエアコンが中心ですが、厳冬期は補助暖房用に石油ストーブを利用される家庭も多いと思われます。直近は灯油の値段が2,000円/18ℓ近くになり、この冬の暖房費は家計を圧迫する可能性が高そうです。

　1980年代以降は、冷暖房の中心はエアコンに移ります。夏場のクーラー（冷房専用）から発達したエアコンの冷媒は、1970年代に地球のオゾン層破壊の原因物質（フロン）であることが解明されノンフロン冷媒の開発が進められるとともに、冷媒を外に逃がさない封入・処理技術が開発されています[7]。また、空気中の熱を利用するヒートポンプ方式[8]も1970年代から研究開発され、現在ではエアコンだけでなく給湯器（エコキュート）にも採用されています。

厨房関連機器

　家庭のエネルギー利用の主役は厨房機器です。1960年代から開発が進められた電気釜に始まり、冷蔵庫、電子ジャー炊飯器、ガスレンジ、グリル機能のある電子レンジ、オーブントースター、コーヒーメーカー等々、家庭電気製品は次々に発売され、進化・改良が今も進んでいます。洗濯機やエアコンなどの機器と同様に、これらはほとんど電気エネルギーの恩恵を受けている訳です。もちろん、今でも都市ガスやプロパンガスを利用されている家庭は多く、その火力の魅力も家庭の主婦は良く理解されていますが、いずれも化石燃料を利用しており、21世紀の現代では絶滅危惧種となる運命かもしれません。資産的に余裕のあるご家庭は、SDGsの目標である2030年までに、オール電化へと切り替え、エネルギー利用のクリーン化に参加頂ければと存じます。

　利用する電気エネルギーをクリーン化することで、全ての電気製品はクリーンとなり、地球環境に優しくなります。**オール電化＋太陽光発電＋エコ給湯＋蓄電池の導入**がこのポイントを解決してくれることになります。課題は、かなりの投資が必要な点です。投資を取り返すのに15年、リターンが得られる経済効果が生まれるのにさらに15年が目安となります。ただ、人生100年

時代を迎えていますので、50 歳代以下の若い世代の皆様は、この 30 年の気長な投資に挑戦して頂きたいと考えています。極端に大型の台風等の風水害や、巨大地震・津波による被害、そして地域紛争・世界大戦の被害を受けない限り、確実なリターンが得られると信じています。一方、オール電化の懸念として停電が挙げられます。停電時のフェイルセーフ確保の観点から、都市ガスやLP ガスの利用を続けられている家庭は多いかと考えます。この場合も、小型高性能の蓄電池の利用が課題を解決してくれます。「4.5 節蓄電池の導入と活用」で紹介しています。容量 1534Wh、定格出力 1800W 程度の蓄電池（J 社）であれば、電子レンジや電子炊飯器等も利用でき、非常用のバックアップ電源として十分な性能を備えています。

4. 2　太陽光発電の導入と不測の事態

　我が家の太陽光発電の導入は 14 年前の 2009 年です。「退職後に株ではなく、太陽光発電に投資すべき」と主張されていた先輩の助言を得て、退職前にS 社の太陽光システム（5.12kW）を導入しました（図 13）。当時はFIT 制度が始まった直後で、導入のきっかけは電力会社による買い取り価格が 48 円/kWh と高額に設定されていたこともありました。すなわち、投資額の回収は主に売電でした。当時の電気代は昼間でも 20 円/kWh 程度だったかと記憶しています。発電した電力は、自宅で消費するより売電した方が得だったわけです。これが、14 年経った現在では、売電価格は 7.15 円/kWh と低下し、昼間の電気代は 45 ～ 50 円/kWh と逆転しています（p.15 表 3 参照）。すなわち、今は太陽光で発電した電力は売電するより、自家消費する方が良いのです。自家消費を増やすことで、各家庭のレベルでエネルギーの利用をクリーン化できるわけです。

図 13　築 42 年屋根に設置した太陽光発電

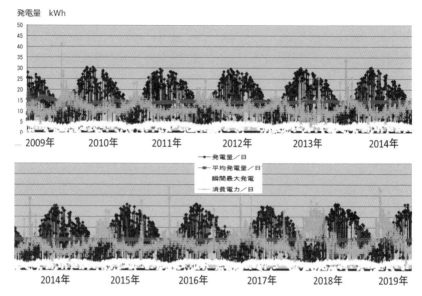

図14 我が家の10年間の発電量、消費電力等の記録データ（2009年-2019年）。5.12kWのシステムで、10年間の平均発電量は約14.5kWh/日、年間約5,300kWhを発電[9,10]。

　図14は、最初の10年間の太陽光発電の発電電力、消費電力等の日変化を示しています[9,10]。10年間の平均的な発電量は14.5kWh/日で、年間発電量は約5,300kWh/年となり、5.12 kWのシステムとしては1kWあたり1,035kWh/年の性能となります。南向き傾き30度の設定で、1kWあたり1,200kWh/年が標準ですので、南東と南西の屋根（傾約20度）にパネルを配置した我が家のシステムの性能は標準的と言えます。今まで14年間、ほとんど何の故障もなく安定に動き続けてくれています。特別のメインテナンスもありませんでした。ただ、以下の3点が不測の事態として発生しています。

1. 電力会社のメーターの故障による約2週間のシステム停止
2. パワコンディショナーの補償期間の延長（10年から15年へ）
3. 屋根の吹き替え＆壁面塗装工事に伴う、パネルの一時撤去による停止

　最初の不測の事態は、電力会社のメーターが誤動作したことにより発生しました。これは、毎日データを付けていて分かったことですが、太陽光発電シ

ステムのモニタからの発電量と消費量の値が、電力会社の積算電力計と一緒に
取り付けられていた売電量メーターと購入量メーターの値と大きく異なり、晴
天の日が続いていたにもかかわらず、売電量が少なかったのです。この原因
は、家庭の消費電力が大きくなった時に、売電量を積算していたメーターが逆
回転し、積算値を減らしていたためでした。このトラブルは予想外でしたが、
他の太陽光発電を導入されていた家庭でも発生しうるケースではないかと考え
ています。最終的に電力会社は、メーターを新機種に取り換えることで済ませ
ましたが、この間に発電できなかった分の補償はしてくれませんでした。電力
会社の立場は、仕方なく余剰電力を買わされている立場なので、当然かもしれ
ませんが、以後電力会社への不信感は解消されていません。できれば、電力会
社から自立した生活を営みたいものです。

　2 番目は不測の事態とは言えませんが、パワコンディショナー（以下パワ
コン）の補償です。太陽光で発電した直流電圧を交流の 60Hz 正弦波に変換す
るのが、パワコンの役割です。太陽光発電導入当時、その補償期間は 10 年と
設定されていました。10 年以内の故障であれば、無償で取り換えてくれます。
確か 8 年か 9 年目に、有償での補償期間の延長を S 社が申し入れてきました、
念のために 5 年間の補償の延長に応じたのですが、15 年目に入った今日まで、
パワコンも安定に動作してくれています。パワコンの故障の原因は、製品に使
用されている電子パーツの不具合によるものと考えられます。太陽光パネル本
体は、20 年以上 30 年近く安定に動作することが期待されています。

　3 番目の不測の事態は、屋根の吹き替えと壁の塗り替えに伴う、約一か月
の停止期間です。太陽光パネルを一旦屋根から下ろし、工事終了後に再度屋根
に載せて稼働させました。少し不安でしたが、幸い十分な技術を持たれている
屋根工務店に施工して頂き、その後も 3 年間安定に稼働しています。少し不
思議なのは、最初の 10 年間の平均発電量 14.5kWh/ 日とは違って、最近の 3
年間の平均発電量が 15.5kWh/ 日と上昇している点です。理由は良く分かりま
せんが、隣の東側の家が 2 階建てから 1 階建てに変わったためではないかと
考えています。当初は我が家の東側に総二階建ての家屋があり、その建物が撤
去され売却された後、しばらく買い手がなくさら地となっていました。その期

間に屋根の吹き替えをしたのですが、その後に建てられた新築の家屋は1階建てで、相対的に我が家の日当たりが良くなったのだと思われます。またその家の屋根にも太陽光パネルが設置されており、反射の光も届いているのかもしれません。

　我が家の太陽光パネルが、主に南東側の屋根に数多く設置されているのも関係していると考えます。いずれにしても、現在は年間発電量約5,650kWhとなり、5.12kWのシステムで1kWあたり1,103kWh/年と性能がアップしています。

　ところで、太陽光発電の導入はいくつかのリスク要因を含んでいます[9]。
①台風・竜巻や梅雨時の豪雨等による洪水等の大災害時の破損
②建物や樹木等による部分影の発生による発熱・火災の可能性
③利用後の廃棄物処理等の経費
などが主なリスク要因です。特に温暖化に伴い、大型化する台風によるパネルの飛散リスクは大きくなることが予想されます。十分な耐風性を持たせた設置が必要です。特に、「屋根のせの太陽光」は、この点への十分な配慮が必要で、屋根への十分な密着の確保による耐風設計が望まれます。また、太陽光パネルからの火災発生も稀に報告があります。こちらは、参考資料9）を参照ください。近隣の建物や樹木の存在による、パネル上の部分影の発生と保護素子（バイパスダイオード）故障が火災発生の原因となることがあるようです。もちろん、この対策も研究されており、基本的には安全性への配慮は十分と考えています。最後の利用終了後の産業廃棄物としての処理ですが、一定の年数が経過し、発電効率が一定の水準以下になった場合や、転居等による処分が必要な場合には、産業廃棄物としての処分が必要になります。投資費用を回収された後には、廃棄処理費用をあらかじめ貯蓄し準備しておくことも必要かもしれませんが、数十年後の廃棄物処理費用はどの程度かは不明です。現状では十数万円以内とは聞いているのですが。

4.3　オール電化・エコ給湯の導入

　2009 年に太陽光発電を開始すると同時に、エコ給湯システムを導入しました（図 15 参照）。その後、小さなガス漏れの事故もあり、ガスレンジによる炊飯に危険性を感じていたため、2016 年にオール電化を実施しました。これにより、従来の灯油ボイラーによる給湯やガスレンジによる炊飯を卒業し、ほとんどの家庭エネルギーは電力に依存することとなりました。停電時の不安は残りましたが、近くに変電所があり、停電したとしても復旧が早かったことが、安心材料でした。

　課題として残されたのは冬季の暖房で、厳冬期はエアコンだけでは足りず石油ストーブに頼り続けていました。しかし、着火時や消火時の臭いや不完全燃焼、また部屋の空気を汚すことで健康を損なう恐れはいつも気になっていたところです（4.4 参照）。

　エコ給湯は、既に紹介していますように、空気中の熱をエネルギーに変えるヒートポンプ方式により夏場を中心に効率の高い給湯を実現しています（図 16 参照）。導入当時は夜間の電気料金が 10 円/kWh 以下でしたので、焚き上げ時間は夜間の 23 時から翌朝の 7 時までの 8 時間の時間帯に設定されていました。給湯器の課題もやはり冬場に弱いことです。特に夜間が氷点下になる場合、焚き上げ時間は 8 時間でも不足し、翌日分の湯量が確保出来ないことも結構な頻度で発生しています。12 月末から 2 月上旬までが、エコ給湯の管理に気を配る期間です。この期間、給湯器が氷結しないように、お風呂の湯は夜間使用後も栓を抜かず、湯船に湯を張った状態にしておくことが必要

図 15　エコ給湯と室外機

です。翌日の朝か昼間、気温が上昇して風呂の掃除をして水を抜く必要があります。

　この夜間焚き上げの常識を変えさせられたのが、2023年4月からの電力会社の料金改定です。夜間の電気料金が従来13円/kWhから30円/kWhへと高騰したのです（p.8 表2参照）。夜は気温が低いにも関わらず、エコ給湯の焚き上げが夜間に設定されていたのは電気料金が夜間は格安だったからです。その背景は、昼夜安定に稼働する原子力発電によるエネルギー供給がありました。ところが、2011年の3月11日の東日本大震災によって、津波発生を原因とする原子力発電所のメルトダウンを伴う大災害が発生し、日本全国の多くの原子力発電所の稼働が停止しました。そのため、夜間の電気料金は次第に上がって来たわけです。2019年からの新型コロナウイルス感染症のパンデミックや、ロシアのウクライナ侵攻に起因する、大幅な円安と原油高が、今回の電気料金値上げの直接の原因となっています。

　幸いこのピンチはチャンスに変えられそうです。太陽光発電があれば、エコ給湯の焚き上げの時間を朝9時以降17時までの昼間の時間帯8時間に変更すれば、クリーンエネルギーの利用による給湯が可能です。現在、昼間の電気料金が45円/kWhであり（夏場は50円/kWh）、自宅の太陽光の売電価格が7.15円/kWhであることから、焚き上げは夜間ではなく昼間に変更すべきです。実証実験の結果、昼間の温度が20℃以上であれば、我が家で一日に必要な湯量の焚き上げは2時間以内に終了します。すなわち、エコ給湯の弱点であった冬場の夜間焚き上げを回避できるのです。現在実証実験を継続中ですが、冬場でも晴天であれば昼間の温度が10℃くらいに上がると想定でき、焚き上げ時間は4時間以内で済むと見積もっています。この時間帯の日照条件が問題ですが。

　太陽光発電の導入により、特に夏場の昼間は電気代を気にすることなくエアコンを作動できますが、山の上にある我が家は風通しが良く、夏場のエアコンの世話にはあまりならずに済んでいます。課題はやはり冬場の暖房です。特に冬場の夜間は太陽光もなく、エネルギーはエアコンを中心に商用電源に頼らざるを得ないのです。そこで、4年ほど前に再生可能エネルギー利用のペレッ

トストーブの導入に踏み切りました。

4. 4　ペレットストーブによる快適な暖房 [11]

　石油ストーブの臭いや、部屋の空気の汚れが気になっていたため、4年前の2019年11月にペレットストーブを取り付けました（図16）。導入価格は工事費を含めて30万円程度でしたが、石油ストーブに比べればかなり高価です。ただ、人生100年時代を迎えていることと、再生可能エネルギー利用による気候変動対策に配慮して導入しました[11]。当時、灯油が約900円～1100円/18リットルと安価でしたので、木質ペレット1袋580円は少し高目に感じました。冬場の1週間での必要量は、灯油18リットルの燃焼とペレット2袋の燃焼がほぼ対応します。しかし、最近は灯油18リットルが2,000円近くと高騰したのに対し、山口県産のペレットは660円にとどまっており、かなりの格安感があります。

　ペレットストーブRS-mini（図16）の利点は、

1) 強制換気（吸排気）により、木材ペレットはほぼ完全燃焼し、燃えカスの灰が非常に少なく掃除も簡単である。

2) 吸気は外気を取り込み、排気は燃焼ガスを強制換気する2重構造の煙突（ステンレス製）があり、部屋の空気を汚さない。また、外側が吸気となっているので煙突は熱くならず安全である。

3) ペレットの燃焼による炎の揺らぎは、眺めていて気持ちが安らぎ、輻射熱により離れていても体が暖まる（遠赤外線効果）。

などがあげられます。

　一方、欠点としては、

① 消火後に毎回燃えカスの灰の除去

図16　ペレットストーブ RS-mini[11]

と、燃焼室の掃除が必要なことですが、着火前のルーチンと考え、あまり苦にはなっていません。また、

②着火剤を用いた手動着火に少しコツが必要ですが、慣れれば大丈夫です。そして、もう一つの欠点が、

図17　冬場2か月分のペレット

③強制換気用の電源が必要なことです。必要な電力量は数十Wと小さいのですが、停電となるとストーブが過熱しますので、直ぐに消火する必要があります。この対応としてJ社の小型高性能蓄電池（リチュウムイオン型）を導入しました。

なお、ペレットストーブの取り付けは、強制換気用の煙突を設置する必要があるため、室内と屋外を隔てる壁面の貫通工事が必要であり、排気ガスの放出のために風通しの良い場所を選びます。ただ、排気温度は低く、内外の煙突も短くて済むので、我が家の場合、思ったより簡単でした（図16参照）。また、燃料の山口県産木質ペレットは、10Kg単位で販売されており、冬の4ヵ月間で約36袋を消費します（燃料代約24,000円）。図17は、冬場の約2か月分15袋のペレットの保存状況です。室内でコンパクトに保管できるところも、灯油に比べて、取り扱いやすさを感じています。

4. 5　蓄電池の導入と活用 [12]

最近の新築戸建て住宅には、太陽光発電とセットで蓄電池が設置され、家庭でのゼロエミッション（CO_2排出ゼロ）が実現されています。ただ、8kWhから12kWhの実用的な蓄電量を備えた蓄電池は、100万円前後とかなり高価です。我が家も未だ導入には踏み切れていません。太陽光発電を導入した14年前は、発電した電力は売電が主であり、家庭での蓄電池利用はほとんど普及

表 9　太陽光発電と組み合わせる J 社の小型蓄電池の特徴と用途の違い[13]

タイプ	主な性能（容量、重量等）	用　途
PPS240 3 年保証 ¥29,800	240Wh、**3.1Kg**、AC 1 口、USB-A 2 口、5.5h フル充電、定格出力 200W：リチウムイオン	キャンプ用、**防災用緊急電源**、スマホ・ノート PC 充電
PPS1000 3 年保証 ¥139,800	1002Wh、**10.6Kg**、AC 3 口、UBS-A 3 口、USB-C 2 口、7.5h フル充電 定格出力 1000W、リチウムイオン	上記用途 + **炊飯器**、ドライヤー、電気ケトル、トースター等
PPS1500 3 年保証 ¥179,800	1535Wh、**16Kg**、AC 3 口、USB-A 2 口、USB-C 1 口、7.5h フル充電、定格出力 1800W、リチュウムイオン	上記用途 + **電子レンジ**、ホットプレート、電動ドライバー、ファンヒータ等
新製品 PPS2000 + 5 年保証 ¥285,000	2042Wh、**27.9Kg**、AC 4 口、USB-A 2 口、USB-C 2 口、2.0h フル充電、定格出力 3000W：**リン酸鉄リチウムイオン**（長寿命 4000 回充放電）	上記用途 + 乾燥機、**エアコン**、水ポンプ、電動工具 バッテリー拡張可能（最大 24kWh)

していませんでした。最近では、電気自動車（EV）の普及が加速し、先進的な家庭では電気自動車の蓄電池を利用する場合もあるようです。太陽光発電と電気自動車の組み合わせも魅力的ですが、一般の家庭には少し敷居が高いようです。

　そこで我が家では、小型で効率の良い蓄電池を探してみました。まず試用目的に J 社ポータブル電源（PPS240）240Wh を 3 年前に購入してみました[13]。冬場はペレットストーブの予備電源として、夏場は庭の街灯用の電源として、またアウトドア用品としても活用しています。もちろん、災害発生に伴う停電対策用としても利用でき、スマホの充電やパソコン電源用にも利用できます。USB 用の DC 電源口も設けてあり、小型でも良く考えられた製品です。リチウムイオン電池の弱点である過熱防止用のファンなどが内蔵され、安全対策は十分なようです。この小型電源を 2 年ほど使用し、安定性や安全な利用方法を確認した後に、少し容量の大きな 1kWh と 1.5kWh の二つのタイプを購入し活用しています。すなわち、現在は 3 種類の J 社の電源を活用し、昼間に太陽光で充電して、朝方や夜間用の電源として利用しています。表 9 に 3 つのポータブル電源の利用状況や特徴の違いをまとめてみました。台所には、電

子レンジ、オーブントースター、炊飯器など1kWを超える電気製品が多いので、定格出力の大きな蓄電池が使い勝手は良いのですが、その分重量が重くなります。また、稼働条件である40℃を超えない環境での利用を心掛けることや、ヒューズ端子の接続を確実にするなどの注意も必要です。なお、新製品のPPS2000Plusは、参考までですが、リン酸鉄リチウムイオン電池により、高性能・長寿命が実現されています。こちらは、家庭用のほとんどの電気機器に利用可能で、10年以上の長寿命となっているようです[13]。なお、小型の蓄電池と太陽光パネルを利用した「ベランダでの太陽光」システムの活用例は、2章でも紹介しましたが、最近NHKでも取り上げられ話題となっています（2章 2.2 節参照）[14]。

　ところで、安全性は高いがエネルギー密度の低いニッケル水素電池や、エネルギー密度は高いが発火リスクもあるリチウムイオン電池に代わって、双方の弱点を補う次世代電池として「亜鉛二次電池」や「全固体電池」の開発が進められています[15]。現在ハイブリッド車等に利用されているニッケル水素電池は、近い将来、亜鉛二次電池や全固体電池に代わっていくと期待されます。

4. 6　太陽光発電によるエコ給湯の昼間焚き上げ

　第1章で述べましたように、2023年4月からの電気料金値上げに対する自衛策として、エコ給湯の焚き上げを夜間から昼間に変更しました。我が家の太陽光発電は14年目を経過していたため、売電価格は7.15円/kWhに低下し、昼間の電気料金は45～50円/kWh、夜間の電気料金は30円/kWhへと上昇していました。昼間焚き上げへの具体的な変更方法は、エコ給湯の室内制御盤の時計を約10時間前にずらすことにより、焚き上げ時間は自動的に夜間（23時～7時）から昼間（9時～17時）に設定できます（Panasonic社製の場合）。ただ、天候の悪い日の対策も考え、我が家では手動で以下の操作を続けています。かなりマニアックですが、ゲーム感覚で楽しみながら実行しています。

1) エコ給湯の時間帯を10時間前にずらす（溝田氏提案）
2) 炊き上げを「たっぷり」モードに設定する（Panasonic社製）

3）天気の良い日の9時〜15時までの時間帯でエコ給湯を炊き上げる

4）天気の悪い（発電量の少ない）日は、「焚き上げ休止」に設定する

5）「たっぷり」モードで炊き上げれば、2日分の湯量が確保可能

エコ給湯のメーカーによるかとは考えますが、焚き上げに必要な電力は約1.5kWで、気温が20℃位であれば、2時間くらいの焚き上げで一日に必要な湯量の焚き上げが可能です（家族2名の場合）。梅雨時や冬場の曇天や雪の日が課題ですが、ヒートポンプ方式を採用しているエコ給湯の性能上（1章図3参照）、冬場でも気温の高い昼間に焚き上げれば短時間で必要な湯量が確保できるはずです。従来、冬場でも夜間焚き上げとしていたため、焚き上げ時間が長くなり多くの電力量を消費していました。特に気温が零下になる場合は、夜間の8時間でも十分な焚き上げはできていませんでした。太陽光発電を導入されていない家庭でも、冬場は昼間の焚き上げをお勧めします。例えば冬場で昼間の気温が10℃と仮定します。この時はエコ給湯の効率曲線から、必要な湯量の焚き上げには気温20℃の時の約2倍の時間がかかると予想されます。概算ですが、気温10℃の時に1.5kWで4時間かかるとしますと約6kWh必要で、電気代は270円程度と予想されます（昼間電気料金45円/kWh）。これを夜間の焚き上げとしますと、気温0℃では8時間以上となり、夜間料金（30円/kWh）でも360円以上と予想されます。氷点下になる冬場の夜間は、給湯器の凍結の恐れもあり、焚き上げ不能になる可能性もあります。確実な湯量の確保のためにも、昼間でのエコ給湯の焚き上げを推奨します。もちろん、太陽光発電が導入されれば、昼間での焚き上げの費用は大幅に軽減されます。少し細かな計算になりましたが、以下にエコ給湯と太陽光を導入されている家庭での、エコ給湯昼間自動焚き上げ設定の手順を纏めています（溝田氏提案の方法[16]）。

1）エコ給湯の時間設定を10時間前にずらす。

2）1日に沸かす湯量設定を「おまかせ」あるいは「おまかせ節約」に設定する（P社の場合）。

この設定では、梅雨時など天候の悪い時期は太陽光が利用できず、昼間の割高な電気料金となってしまいすが、1年を通して考えれば大幅な電気料金の

節約となりそうです[16]。太陽光発電を導入されていないご家庭でも、この方法で年間の電気料金の節約が可能と考えられます。特に冬場は効果が有ります。

　著者が現在実行しているマニュアルによる手法は、あまりにマニュアックでお勧めできませんが、ゲーム感覚で取り組んでみたいという場合は、前ページの1)～5)の手順をご参考下さい。特に冬場でも、天気の良い日・時間帯を選び「たっぷり」モードでの昼間焚き上げによる2日分の湯量の確保がお薦めです（P社の場合）。このモードを利用するには、出来るだけ容量の大きなエコ給湯の設置が望まれます。エコ給湯は、炊き上げた湯の保温性能が高く、エネルギーの蓄積器としての役割を果たしてくれます。この意味で、蓄電池と同等の機能を持っていると考えられます。我家のエコ給湯（P社）の場合「たっぷりモード」で炊き上げれば、夏場は最大3日分の湯量が確保出来ており、雨天や曇天の日には「焚き上げ休止」として、晴天や薄曇りの日の焚き上げを手動で実施しています。

　電気料金が高騰している現状では、太陽光発電の自家消費を出来る限り多くすることが基本です。各家庭で導入されているエコ給湯のメーカーにより状況は違うとは考えますが、参考になればと考えます。

4.7　クリーンエネルギー大作戦のまとめ

　太陽光発電の導入以来、約15年間、家庭のエネルギーのクリーン化に取り組んできた結果を以下にまとめています。最近の生成AI技術の活用を含めて、次世代の製品開発に繋がる部分があればと期待しています。

1) 太陽光発電は、従来知られている「野立ての太陽光」や「屋根のせの太陽光」以外に、「ベランダでの太陽光」や「壁貼りの太陽光」が考えられる。

2) 特に「ベランダでの太陽光」は、予算規模に応じて個人が直ぐにでも導入できる「創エネ」であり、クラウドファンディング型の発電に繋がる。

3) 太陽光発電は高性能蓄電池との組み合わせで、悪天候や夜間での電気エネルギーの利用に供することが可能となる。太陽光パネルや蓄電池も研

究開発が進み、各家庭で利用可能な廉価で高性能なシステムが開発され
ている。

4）太陽光発電とエコ給湯とを組み合わせた、「おひさまエコキュート」は、
家庭で最大のエネルギーを消費するエコ給湯の効果的な利用で有り、AI
技術等を活用し、日照の時間変化に自動追尾できるシステムの開発が望
まれる。

5）エコ給湯は、蓄電池と等価なエネルギー蓄積システムであり、今後は給
湯容量の大型化により、日々の天候の変化に強いシステムの普及が望ま
れる。

6）築 30 年以上を経過した我が家のような家屋には、冬場の暖房に「ペレッ
トストーブ」が推奨できる。再生可能エネルギーの地産地消が可能であ
る。

　以上、著者もささやかながらエネルギーのクリーン化に取り組んでいます
が、世界で個人としては最大のエネルギー消費者であり温室効果ガス排出者
の一人であるビル・ゲイツ氏も、「未来の技術が人類を救ってくれるのをただ
待っているわけにはいかない。自分たちを救うために、いますぐ動きださねば
ならない」と語りかけています [17]。毎年、世界の大気中に増える約 510 億ト
ンの温室効果ガスをゼロにするために、一人でも多くの方が参加してくれるこ
とを祈っています。

参考資料

1）①白熱電球─Wikipedia、②E26 口金 パルック LED 電球 プレミア X（一般電球タイプ
空間全体を照らすタイプ　60 形相当・40 形相当）｜LED 電球 商品ラインアップ｜商品一
覧｜LED 電球・蛍光灯｜Panasonic

2）普及進む LED 信号機、雪国では融雪対策が課題｜ヒーターブログ｜株式会社スリーハイ
（threehigh.co.jp）led_donyu.pdf（kantei.go.jp）

3）LED 照明の導入について（地球温暖化対策本部申し合わせ、平成 28 年 5 月）
led_donyu.pdf（kantei.go.jp）

4）蛍光灯が生産終了⁉ LED への交換は必須？ これから訪れる暮らしの変化をプロが解説｜
マイホームマガジン（myhomemarket.jp）

5) 2023 年、LED照明の先送り問題とは｜大塚商会（otsuka-shokai.co.jp）

6) 七輪（炭火）による一酸化炭素中毒（fnw.gr.jp）

7) 環境省「フロン排出抑制法」ポータルサイト（env.go.jp）

8) ヒートポンプとは（hptcj.or.jp）

9) 三池秀敏、南野郁夫『太陽光発電の光と影：発電記録から読み解く地域の気候と暦』時間学研究、（日本時間学会誌第 10 号）pp.1-18（2019）

10) 三池秀敏『ほんとうの暦：旧暦と新暦の長所を取り入れた暦とは』大学教育出版（2020 年）pp.45-48

11) ①ペレットストーブの情報をわかりやすく掲載！｜ペレットステーション山口（s-sense.info）、②RS-mini｜輻射タイプペレットストーブは国産のwarmArts

12) 蓄電池はこんな進化を遂げてきた！100 年以上にわたる蓄電池の歴史｜蓄電池のことなら蓄電池やりくりナビ！四国/中国/近畿/中部エリア広域対応（ncltrading.com）

13) Jackery ポータブル電源 2000 Plus – Jackery Japan

14) 電気代の不安▼住宅用太陽光パネルで"創エネ"暮らしどうなる？― NHK クローズアップ現代 全記録

15) 新型電池部材を量産（日本触媒）、日本経済新聞 1 面記事（2023 年 11 月 26 日）、①ニッケル亜鉛電池がニッケル水素電池を置き換える⁉ 日本触媒が新材料を開発：電気自動車 ― MONOist（itmedia.co.jp）、②「全固体電池」をやさしく解説、従来の電池との違いや種類・トヨタらの実用例は？｜ビジネス＋ IT（sbbit.jp）

16) 市民共同発電うべ ― 非営利株式会社　市民共同発電うべ（jimdo.com）

17) ビル・ゲイツ（山田文訳）『地球の未来に僕が決断したこと ― 気候大災害は防げる ―』、早川書房（2021 年）

第5章　21世紀型のWell-Beingとは

　太陽光発電を各家庭に導入することで、家庭で使用するエネルギーの
クリーン化を推進できる。そのためには、オール電化と蓄電池の導入が
前提となる。エネルギーのフェイルセーフのために、電気エネルギー以
外にガスや灯油を利用される家庭も多いが、温暖化対策のためには、化
石燃料の使用は避けたいところである。小型高性能の蓄電池やペレット
ストーブの導入により、オール電化のリスクを回避し、災害（停電）対
策も可能となる。21世紀型のWell-BeingはSDGs対応と、健康寿命の長
寿化により実現できる。

5.1　クリーンな電気エネルギーの確保

　この本では、太陽光発電の各家庭への導入についての課題や背景を取り上
げて来ました。気候変動や地域紛争の影響はもちろん、自然災害の頻発する日
本の現状を踏まえれば、エネルギーと食料の自給自足への努力を各個人が実行

表10　3つのタイプの太陽光発電の特徴の違いと課題

太陽光発電のタイプ	性能・導入費用	特徴・課題
野立ての太陽光	メガワット級発電所 1000万円〜数十億円	商用大規模発電、耐風性の問題 環境・景観への影響大 原子力発電に代わる能力 グリーンビジネスでの活用
屋根のせの太陽光	3kW 〜 10kW 100万円〜 400万円	戸建て住宅の屋根に設置 耐風性は比較的良好 エコ給湯と併用して省エネ 投資できる人を選ぶ
ベランダでの太陽光	1kW 未満 5万円〜 50万円	小規模（ベランダ・庭に設置） 高性能蓄電池と併用し創エネ アウトドアグッズ、管理容易 多くの人が直ぐに導入可能

すべき時代となっているようです。特に最近の円安と原油高の影響で、燃料費や電気代の高騰が続いており、各家庭での創エネ・省エネへの工夫が切実な課題と言えます。太陽光発電は今や十分熟成した「創エネ」技術となっており、個人でも手軽に取り組める対象です。表10（p.68）に、この本で紹介した3つのタイプの太陽光発電の特徴をまとめています。「野立ての太陽光」、「屋根のせの太陽光」、そして「ベランダでの太陽光」の三つですが、家庭で導入可能なのは、もちろん、後者の二つです。特に「ベランダでの太陽光」は、資金的余裕がない場合や「屋根のせの太陽光」の環境が整わない場合にお勧めです。各家庭のベランダや庭、あるいはアパート暮らしの個人のベランダでも、日当たりの良い環境さえあれば導入できます。導入費用はシステムの規模に寄りますが、おおむね5万円から50万円の範囲で、予算に応じて多くの選択肢があります。大学に入学し下宿生活を始める学生にはエントリーレベルの5万円程度の**ミニポータブル電源ソーラーパネルセット**がお薦めですし、家庭での使

表 11　東京都が試算した「屋根のせの太陽光」の投資効果（30 年間）の推定[1]

項目	費用等	内容
システム構成		4kW 太陽光パネル（性能：1,200kWh/kW）
年間発電量		4,800kWh（1,200kWh/kW × 4kW）：期待値 自家消費分：1,280kWh（推定値） FIT 売電分：3,520kWh（推定値）
初期投資	98 万円	太陽光パネル＋パワコン＋工事代金
追加投資	23 万円	パワコン交換費用（15 年後）：想定
収入	240 万円	**自家消費**（29 円 /kWh10 年、38 /kWh20 年） ＝ 37.1 万＋ 97.3 万＝ 134.4 万 売電 FIT（16 円 /kWh10 年、7 円 /kWh20 年） ＝ 56.3 万＋ 49.3 万＝ 105.6 万
補助金	40 万円	東京都
経済効果	159 万円	（240 ＋ 40 − 98 − 23）万円

注：分かりにくいのですが、**自家消費分**は、昼間 45 円 /kWh の使用料を発電分の売電
　　費用 16 円 /kWh で賄っていることによる差額収入です。10 年目以降は売電が 7 円 /
　　kWh に低下と仮定し、45 円 /kWh の使用料を発電分の売電費用で賄っていることに
　　よる差額収入分です。すなわち、昼間の電気代は 30 年間 45 円 /kWh で固定と仮定し
　　ています。

用に十分な電力量が必要な場合には 1500Wh の大容量蓄電池との組み合わせ
の 25 万円程度のセットがあります。

　東京都は新築住宅を対象に、「屋根のせの太陽光」の設置を義務付ける条例
の実施を 2025 年 4 月よりスタートします[1]。2022 年にこの条例は可決され、
日本全国にも広がって欲しい条例です。東京都内の約 225 万棟の建物のうち、
太陽光パネルが設置されているのは約 9 万戸強で、設置の割合は 4％程度であ
り、屋根のせの太陽光の設置の余地は大きいと言えます[1]。そこで、東京都は
既存住宅への太陽光の導入にも力をいれ、2023 年度の予算では 496 億円が投
じられています。東京都の試算によれば、4kW の太陽光パネルを設置し 30 年
間使用することを想定し、表 11（p.69）のような投資効果を明らかにしてい
ます。補助金も含めた 30 年間のリターンは 160 万円近くになっています。も
ちろん、資金的に余裕のある家庭でないと投資できませんが、初期費用 120
万円強で補助金 40 万円ですので、80 万円の初期投資で 160 万円の経済効果
があるわけです。ただし、信頼性のあるメーカーと工務店を選び、値段だけで
判断しないことが肝心だと思われます。30 年の使用に耐えるためには、耐候
性（強風、豪雨等への耐性）が最も配慮すべき点です。気候変動による大型台
風の発生や首都直下型地震など多くのリスク要因が考えられます。

　ポイントは何年で投資額の 80 万円が回収できるかですが、少し独自に試
算してみます。4kW システムで年間発電量を 4,800kWh と仮定します（太
陽光パネル 1kW 当たり年間発電量 1,200kWh は標準的です）。また発電量の
うち、自家消費分を東京都の試算より少し多めにして 1,800kWh、売電分を
3,000kWh とした場合、現在の昼間の電気料金が 45 円/kWh であり、FIT の売
電価格は現在契約すれば 10 年間は変わらず 16 円/kWh であることを考慮する
と、年間の節約額は 129,000 円（＝ 1,800kWh × 45 円/kWh ＋ 3,000kWh ×
16 円/kWh）となります。したがって補助金があれば 8 年以内で投資額が回収
できます。今からの電気代の高騰を考えると、回収期間はさらに早まる可能性
もあります。また自家消費を増やすほど、その効果は顕著となります。投資額
の回収に 8 年間かかったとして、残り 22 年間は自家消費分の節約効果と売電
効果があり、総収入 222.4 万円（＝ 22 年 × 45 円/kWh × 1,800kWh/年 ＋ 22

年 × 7 円/kWh × 3,000kWh）となり、東京都の試算を大きく上回っています。エコ給湯の昼間焚き上げなど、自家消費分を多くすればするほど経済効果は大きくなります。これは、電気代の高騰に対する非常に有効な自己防衛手段となりえます。蓄電池の導入や「お日様エコキュート」の導入による発電電力の自家消費を増やすことにより、8 年後以降のさらなる収益増が見込めるわけです。

5. 2 21 世紀型の Well-Being にむけて

　以上、電気料金の節約について主に議論しましたが、国連が掲げる SDGs への貢献や地球温暖化防止対策に配慮した、21 世紀型の健康で文化的な生活について改めて考えてみることにします。4 章で取り上げましたように、20 世紀末の我々庶民の平均的な生活感覚からしますと、身の周りのエネルギー関連機器は多くの課題を抱えていました。我が家は最近 15 年間の試行錯誤や創意工夫を通して、21 世紀の現代によりフィットした省エネ・創エネへの努力を続けて来たのかなと考えています。表 12（p.72）はこの変遷を一覧表にまとめています [2]。

　21 世紀の現代において、急速な科学技術の発達は、たとえ気候変動対策のためとはいえ、20 世紀や 19 世紀の生活スタイルへの後戻りを推奨しないと思われます。先進国や発達途上国の国民の多くも、それを望んではいないのが現実です。インターネットや ChatGPT などの生成 AI 関連技術に代表される、情報科学技術の驚異的な進歩は、エネルギー関連機器の効果的な制御・運用・管理に活用され、魅力的な商品開発を促しています。表 12 には、近い将来実用化されると考えられるエネルギー関連機器も示しています。家庭で利用する全てのエネルギーのグリーン化の推進が近未来型の実現に繋がり、SDGs の達成や気候変動対策の推進に繋がると期待されます。各家庭や個人が利用するエネルギーのグリーン化（太陽光発電など再生可能エネルギーの活用）を少しでも推進し、生活スタイルで世界のリーダーとなることが日本に合っていると思われます。

　一方、超高齢化社会を迎えるわが国では、**健康寿命の長寿化**が重要です。

表 12　エネルギー関連機器の転換（20 世紀型から 21 世紀型、そして未来型へ）[2]

	用途	主な利用機器名	特徴・課題
20 世紀型	照明	ロウソク、ガス灯、白熱灯、蛍光灯	継続時間、消費エネルギー
	給湯	薪、石炭、灯油・ガスボイラー	化石燃料の多用
	暖房	火鉢、炬燵、石油・電気ストーブ	火事の危険性、臭い
	発電	火力、水力、原子力、風力	主に商用発電
	蓄電	鉛蓄電池、ニカド、ニッケル水素	危険物質、短寿命
	炊飯	ガスレンジ、電気釜、電子ジャー	薪からガス・電気へ
21 世紀型	照明	LED 照明（白色実現）	低消費エネルギー（高効率）
	給湯	エコ給湯（ヒートポンプ）	オール電化
	暖房	エアコン（ヒートポンプ）	オール電化、高効率
	発電	太陽光（シリコン）、風力	商用から私用、家庭で創エネ
	蓄電	リチウムイオン	小型大容量、長寿命、安全性
	炊飯	IH ジャー炊飯器、電子レンジ	短時間調理、蒸気レス炊飯
近未来型	照明	LED 照明（明度、色相・彩度制御）	時と場所を選び効果的照明
	給湯	おひさまエコキュート	エコ給湯＋太陽光発電
	暖房	エアコン、ペレットストーブ	オール電化＋再生可能エネ
	発電	太陽光（ペロブスカイト・薄膜）	建物壁面・窓利用
	蓄電	全固体電池	高い安全性、超高速充電
	炊飯	調理エネルギーのグリーン化	太陽光発電＋蓄電池利用

心身ともに自立し、健康的に生活できる期間をできるだけ延ばす必要が有ります。健康寿命の考えは、2000 年に WHO（世界保健機関）が提唱して以来、関心が高まっています。2019 年の統計データを見ますと[3]、男性の平均寿命は 81.41 歳、女性は 87.45 歳です。約 6 歳の差があります。しかし、健康寿命はそれぞれ、72.68 歳と 75.38 歳で 2.7 歳の差しかありません。男性は約 9 年、女性は約 12 年、健康状態が悪くなった期間が続きます。最悪の場合は寝たきりの期間です。ここに日本の課題があります。県別で見ますと、大分や山梨などが健康寿命の上位にあり、福岡や大阪が下位となっています。やはり、大都市より地方の方が健康寿命の長い傾向があるようです。面白いのは、東京や京都は男女差が非常に大きく、男性は比較的上位（14 位と 21 位）にあるのに対

して、女性がほぼ最下位（45位と47位）に位置していることです。原因は？ですが、健康寿命の最短と最長の差があまり大きくない（特に男性で）ことが一因とも考えられます。

　この健康寿命を如何にして伸ばすかは、人生のWell-Beingを実現する上で最大のテーマです。恐らく、多くの方が既に理解されていると思われる常識的な方法を以下に示してみました。いまさら、そんなことは分かっていると思われるかもしれませんが、あえて以下に列挙しています。

〈健康寿命を延ばす秘訣〉

1.　食生活を整える（内容の確保とバランス、腹八分、休肝日）

2.　クスリに頼らない（食が一番のクスリ）

3.　運動習慣（有酸素運動、散歩、スポーツを楽しむ、ストレスの発散）

4.　睡眠の量と質の確保（生体リズムの維持とリセット）

5.　習慣性・中毒性の強い飲み物・食べ物は極力避ける（節酒・禁煙）

6.　コミュニケーションの確保（社会的生活の維持）

7.　趣味の時間の確保（園芸、読書等々）

8.　生活習慣病に関する正しい知識

9.　歯や口腔内の健康維持

10.　自然への畏敬の念（知足安分）

　いずれも毎日の生活を少し改善するだけで実行できるものだと考えます[3]。特に運動習慣は、生活の中でルーチン化しておき、決まった時間にストレッチ・ラジオ体操・筋トレ・散歩等を組み込んでおけば、長く続けられるのではないでしょうか。健康寿命の長寿化は、医者知らずの人生に繋がります。安易に病院や薬に頼ることなく、健康寿命を延ばす秘訣を少しでも実行することで、高齢者の医療費が少ない社会を実現することが、次世代の負担を軽くすることになります。

　ところで、（株）ブラケアジェネティクス・代表取締役社長の並木幸久氏は、「女性の健康とライフスタイル」の中で"健康は身近な「贅沢」で、あると当たり前で、ないとどうしても得たい価値。健康は近代社会、特に先進国において最重要のキーワードです。"と述べられています[4]。現在、後期高齢者へと

突入している我々団塊の世代の最大のミッションが、健康寿命を延ばすことにあると筆者も意識しています。残された人生を、健康で文化的に、そして楽しく過ごしたいものです。特に女性にとっては、作家、エッセイスト、そしてロシア語同時通訳でもあった米原万理氏が「**米原万理の愛の法則**」で指摘されているように[5]、更年期以降の第四期は「次の世代を作るという人類の使命から解放されて自由になった時であり、人として非常に楽しく生きるべきではないのか、それが使命でもあるのではないか」と考えられます。女性にとっては、男性にはない人生の第四期を、特権的に人生の素晴らしい時間帯が与えられている期間として活かして行けると、メッセージを送られています[5]。そのためにも健康寿命を延ばす努力が必要だと考えます。健康な生活を支えるためにも、21 世紀に相応しい再生可能エネルギーの活用が望まれます。

参考資料

1) 住宅と太陽光発電：東京都の新築義務化が追い風　既存住宅でも太陽光発電の設置進む（編集部）｜週刊エコノミスト Online（mainichi.jp）
2) 炊飯器の歴史｜炊飯器でおいしいごはん｜家電製品・機器情報｜家電機器｜製品分野別情報｜JEMA 一般社団法人日本電機工業会（jema-net.or.jp）
3) 健康寿命とはどのようなもの？｜リスクに備えるための生活設計｜ひと目でわかる生活設計情報｜公益財団法人　生命保険文化センター（jili.or.jp）
   健康寿命とは？　平均寿命との違いや、健康寿命を延ばす方法を解説！（taiyo-seimei.co.jp）
4) 並木幸久、三池秀敏、『女性の健康とライフスタイル』大学教育出版（2019 年）
5) 米原万理『米原万理の愛の法則』集英社新書（2007 年）

おわりに

　今年 2023 年は、気候変動（地球温暖化）の影響が目に見える形で現れるようになっています。写真 1 は、11 月 3 日の朝方に朝顔の花が咲いている様子です。文化の日に朝顔とは、なんと「すさまじきもの」でしょうか。9 月に蒔いた朝顔の種が芽を出し、10 月中旬に咲き出しました。朝起きて、新しく咲いた庭の花を愛でるのは至福の時と言いますが、流石に 11 月の朝顔は奇妙です。12 月になっても、ひまわりの花が咲きだしたとニュースに流れています。試しに、宇部市の 7 月～ 10 月までの夏場の最高気温と最低気温の平均値を 20 年前と比較してみました（表 13 参照）。なんと、最高気温の平均が 2℃以上、最低気温の平均は 2.5℃近くも上昇しています。4 か月間の平均ですが、今年の夏や秋の異常さが解ります。日本の地方都市でも温暖化の進行は明らかです。世界に目を向ければ、アフリカ東部の極端な干ばつによる気候変動は深刻です。気候変動により生業を失う "気候難民" の急増は、2050 年には 2 億人を超えると予測されています（NHK クローズアップ現代、2023 年 11 月 27 日放送）。今や地球温暖化ではなく、"地球沸騰化" の時代が来ているとも言われます。まさに気候危機です。パリ協定が目指している、今世紀末までの気温上昇を 1.5℃に抑える目標は、今や机上の空論のようにも思えます。

写真 1　2023 年文化の日に咲く朝顔の花

　繰り返しになりますが、国連や政府の政策や企業の努力だけではパリ協定の目標達成は不可能です。我々一人一人の行動変容が求められています。各人が可能な範囲で利用エネルギーのクリーン化に取り組んで頂ければと考えます。気候変動が「気候の暴走」を引き起こさないうちに、行動を起こす必要が

表 13　7 月～ 10 月の宇部市の平均最高気温と平均最低気温（2003 年と
　　　 2023 年の比較）

	最高気温平均 2003 年	最高気温平均 2023 年	最低気温平均 2003 年	最低気温平均 2023 年
7 月	26.5℃	29.4（＋ 2.9）	21.8℃	24.3（＋ 2.5）
8 月	28.8	31.3（＋ 2.5）	23.9	26.3（＋ 2.4）
9 月	27.9	29.6（＋ 1.7）	21.2	23.7（＋ 2.5）
10 月	22.1	23.7（＋ 1.6）	12.0	14.3（＋ 2.3）
7 ～ 10 月 平均値	26.3℃	28.5（＋ 2.2）	19.7℃	22.2（＋ 2.45）

あります。次の世代が安心して暮らせる自然環境を守るためにも、地球市民全員が手を取り合って、対策を進めていくことが求められます。このための地方行政の果たすべき役割は非常に大きいとも考えます。

　写真 2 の朝顔カーテンは、真夏の陽射しを避けるクラシックな省エネ対策ですが、エアコンの無駄な消費を省くためには有効です。ただ、最近の新築住宅は、窓の面積も少なく保温性高く設計されていますので、エアコンの高性能化により効果的な省エネが実現されており、朝顔カーテンは不要かもしれません。

　一方、築 40 年以上たった我家の企画住宅は、屋根が軽く耐震性は高いのですが、窓の面積がかなり広く冷暖房の効きが悪いのが欠点です。断熱材が少ないのも原因かもしれません。この対策として、冬場は障子の表裏を農業用ビニールでカバーしたり、窓の内側に取り付けた木枠の表裏にビニールを貼り、簡易な防寒対策をしたりしています。特に、玄関の大きなガラス窓（150W × 300H）の内側に取り付けた木枠のビニール貼りは、効果的な防寒対策となっ

写真 2　省エネのための朝顔カーテン

ているようです。本格的には、窓の完全二重化や、アルミサッシを樹脂サッシに代えるのが省エネには効果的ですので、次のターゲットに加えています。

　ところで、日本では気候変動に加えて、「南海トラフ地震」や「首都直下型地震」発生の可能性が高まっています。特に、南海トラフ地震は、科学的に予測可能な地震であり、2033年前後の発生と、これに伴う大きな津波の到来が危惧されています。こうした災害発生時への備えとしても「ベランダでの太陽光」は、非常用電源（クリーンエネルギー）として活用できます。都会での一人暮らしの学生や社会人にとっても小型の「太陽光発電＋蓄電池」システムの活用は、SDGsの取組への参加や、「パリ協定」順守への小さな支援ともなり、クラウドファンディング型の創エネが日本全国から世界各地に普及すればと希求しています。

　4月の電気料金の値上げに触発されて書き始めたこの本の執筆も、既に11月末となってしまいましたが、どうにか年内に脱稿できそうです。前述のとおり、日本の弱点はエネルギーと食糧が自給できていないことです。この状況は戦前と同じで、違うのは、今回はエネルギーの自衛手段があるということです。**太陽光発電を今こそ各家庭や学校に**と考えています。また、このレポートが少しでも、21世紀型のWell-Beingを考える上での参考になればと祈念しています。

　最後にもう一つ、21世紀型のWell-Beingを実現する上で忘れてはならないことがありました。**自然への畏敬**の念です。我々の体や脳は、内なる"自然"です。心（意識）はこの脳の一部の情報統合活動として創発されていると考えられています（金井良太、AIに意識は生まれるか、イースト・プレス、2023年）。起床時の五感で取得された情報により統合・形成される、その人独自の世界感覚（クオリア）や、REM睡眠中の夢は、"意識"のある状態と認識できます。この意識は、生誕後に家庭や自然・社会環境と交流することで形成される、脳の膨大な知識・映像データベースを活用しながら、現実世界を生きるために必要な3次元世界映像や行動計画、そして未来予測を生成し続けている

状態と考えることもできそうです。そのシステムを支えているのは、五臓六腑であり、小脳であり、体全体という自然です。地球で生まれた生命が35億年以上の進化を経て、ようやくたどり着いた奇跡のシステムが、この内なる自然です。我々の意識はその上に乗っかって、あたかもそれらの"自然"を自分が自由にできる"もの"のように思い込み、暴飲・暴食や、自暴自棄のような行動をとることがあります。"**無我**"という言葉は、このことを戒めているとも考えられます。我（意識）が思うままにできるような"もの"は、一切ないのだと。奇跡のシステム（自然）への畏敬の念（自愛）を持ち生活すれば、健康寿命をさらに延ばせるのではとも思われます。麻薬（不正薬物）や、酒・たばこなど中毒性の強い物質の常用は、脳という自然に対する冒涜とは言えないでしょうか？　少し蛇足が増えましたので、この辺りで筆（キーボード）を置くことにします。

　なお、本著をまとめるにあたり、久保田后子氏、南野郁夫氏、溝田忠人氏を始め、多くの方々に貴重なコメントや、有効なデータ提供等を頂きました。ここに謹んで皆様への謝意を表します。特にエコ給湯の昼間焚き上げの試行実験を、一緒に担当してくれている家内には感謝の念に堪えません。その奮闘に深く謝意を表します。

晩秋の夏日に朝顔の咲く 11 月

本書に寄せて

「電気料金の値上げはチャンス！」と、物性物理学研究者の三池さんは、この厳しい事態を前向きに捉えて、気候変動対策の好機に転じたいと考えています。

このため、科学者としてのデータにもとづく理論を基本としながらも、20世紀型の光熱環境を21世紀型に切り替えていくご自身の15年間の挑戦「我が家のクリーンエネルギー大作戦」を詳細に分析・評価をされた上で、自家消費のための太陽光発電を提案しています。

その理由として、FIT導入当初の電力会社による固定買い取り価格が大幅に低下するとともに電力料金が値上げされたことによって、発電して電気を売るより自家消費をする方がはるかにお得になっているからです。また、太陽光発電と聞くと、様々な課題を含めて議論が尽くされている印象があるかもしれませんが、三池さんは、これまでの太陽光発電のイメージに新たな視点を加えています。すなわち、これまでの「野立ての太陽光」と「屋根のせ太陽光」の2つ以外に「ベランダでの太陽光」による個人や家庭でできる創エネの提案です。

メリットとして、小規模高性能蓄電池と併用して、自ら再生可能エネルギーを創り出す環境対策であること、パネルが折りたためることや小型で持ち運びやすいためアウトドアグッズにもなり活用の機会が広がること、災害時の電源として活用できること。さらに、一般的に太陽光発電の設置費用は高価ですが、「ベランダでの太陽光発電」は、5万円から50万円の範囲で予算に応じて選択肢もあります。

しかし、小規模発電であり、日当たりの良し悪しで電気代削減効果は変わりますから、設置場所の工夫や日射量データベースでの確認、導入コストの回収期間に対する試算が必要なことは言うまでもありません。

21世紀の最大課題とされる気候変動の危機を避けるためには、パリ協定や国連気候変動枠組み条約締約国会議（COP）などの実効性ある取り組みが急がれており、政府・企業の本気度に加えて、先進国に暮らす私たちの生活の見

直しは、「待ったなし」です。日本人には、「もったいない」精神があると言われていますが、エネルギー・食料・アパレル分野など多くの資源を輸入に頼りながらも浪費や大量廃棄の社会構造にあり、持続可能な社会への転換はほど遠い現状です。では、どうしたら良いのでしょうか。

　三池さんは、庭やベランダという身近な場所で電気を作ることは、電気料金高騰対策とともに、実効性ある環境対策としても広がってほしいと訴えます。各章には、テーマ別で幅広い参考資料が掲載されているので、読者が自ら学びを深め、教育現場や市民活動に活かすこともできます。

　本書を契機に個人・家庭・学校での「創エネ」について関心や議論が高まり、21世紀型のWell-Beingや脱炭素社会の実現に少しでも近づくことを期待しています。

久保田后子

■著者紹介

三池　秀敏（みいけ　ひでとし）

1948 年福岡県（太宰府市）生まれ、九州大学大学院工学研究科博士課程
電子工学専攻修了（1976 年工学博士）。山口大学工学部教授を経て現在
山口学芸大学及び山口芸術短期大学（学長）、日本時間学会（理事）、日本
物理学会、情報処理学会、形の科学会、各会員
主要著書：パソコンによる動画像処理（1993 年、森北出版）、非平衡系の
科学Ⅲ（1997 年、講談社サイエンティフィック）、デジタル動画像処理
（2018 年、大学教育出版）、ほんとうの暦（2020 年、大学教育出版）

■ブックカバーデザイン

三宅　宏明（みやけ　ひろあき）

■イラスト

國分　倫子（こくぶ　のりこ）：p.4, p.38

　デザインスタジオみらい　スタッフ

吉河　悠（よしかわ　はるか）：p.3, p.60, p.66

❖ 教育文化ブックレット ❖ 5

21 世紀型の Well-Being
― 今こそ太陽光発電を各家庭に ―

2024 年 3 月 15 日　初版第 1 刷発行

■著　　者 ── 三池秀敏
■発 行 者 ── 佐藤　守
■発 行 所 ── 株式会社 大学教育出版
　　　　　　　〒700-0953　岡山市南区西市 855-4
　　　　　　　電話(086)244-1268 ㈹　FAX(086)246-0294
■印刷製本 ── A. プリント
■Ｄ Ｔ Ｐ ── 林　雅子

ISBN978-4-86692-289-8